Alles über Allgäuer Spätzle

Rezepte von Allgäuer Landfrauen

Herausgeber:
K & K Marketing GbR
Heisinger Straße 1, 87437 Kempten/Allgäu
Telefon: (08 31) 57 50 – 381, Fax: (08 31) 57 50 – 384

Redaktion & Fotos:
Roswitha Liebenstein
Landwirtschaftsschule Mindelheim, Abteilung Hauswirtschaft

großes Titelfoto:
Gemeinde Bad Hindelang

Koordination und Konzeption: Maria Anna Weixler-Schürger

Verlag:
AVA Verlag Allgäu GmbH
Porschestraße 2 – 87437 Kempten

Druck:
KKW Druck GmbH – Heisinger Str. 17 – 87437 Kempten

Alles über Allgäuer Spätzle

Rezepte von Allgäuer Landfrauen

Auszubildende in der Hauswirtschaft im 2. und 3. Ausbildungsjahr aus den Landkreisen Günzburg, Neu-Ulm und Unterallgäu beim Projekt in der Landwirtschaftsschule Mindelheim (Februar 2003).

Kochbuch und Kochlehre für Spätzleliebhaber

VORWORT

Der Anfang war die Idee, ein regionales Produkt, das bei uns gang und gäbe ist und mit dem jeder von uns ganz selbstverständlich umgeht, zu einem Projekt für die Auszubildenden der Hauswirtschaft in Schwaben zu machen.
Die Auszubildenden haben in drei Gruppen Rezepte gesammelt und jeweils eine Aktion mit Vorführungen über die verschiedenen Spätzlegeräte durchgeführt.
Die Rezepte und die unterschiedlichen Arbeitsweisen haben auch die Ausbilderinnen in der Hauswirtschaft zu einer regen Diskussion angeregt.

Eigentlich wollte niemand von uns ein Spätzlebuch schreiben, aber wir waren begeistert von den vielen Ideen, gesammelten Tipps und den verschiedenen Arbeitsweisen und Erkenntnissen. Und es wäre schade, wenn dies alles untergehen würde.

Auf dieser Grundlage und mit weiteren Recherchen ist jetzt dieses Buch entstanden. Dieses Buch enthält viele alte Rezepte, aber auch viele neue und moderne Kreationen, die den alten bodenständigen in nichts nachstehen und sicher auch Einzug in Ihre Küche finden werden.

Allen, die dies unterstützt haben, einen herzlichen Dank.

Roswitha Liebenstein

Inhaltsverzeichnis

Hauptgerichte mit Spätzle

Kleine Geschichte der Spätzle

ANGEBLICH ...

· kommt der Name Spätzle von dem italienischen Wort „Spezzare“ (in dünne Stücke schneiden) oder „Spezzatino“ (Geschabtes, Geschnetzeltes)
· wurden sie ursprünglich aus Dinkel gemacht und galten als Gericht armer Leute
· wurden „Spazen“ 1725 erstmals urkundlich erwähnt, und zwar in der „Beschreibung des Göppinger Sauerbrunnens“ von Herr Hoch-Fürstl. Württembergis. Rath und Leib-Medico Rosinio Lentilio
· gab es im Allgäu um 1850 dreimal Spatzen und fünfmal Suppe am Tag
· aß man früher viel mehr süße Spatzen wie salzige; diese wurden in Milch gekocht
· kommt der Name Knöpfle von dem Wort Knötlein, das früher kleine Knödel bedeutete. Auch Spatzen waren früher kleine Knödel
· verschwanden die kleinen Knödel ab 1910, nachdem die Erfindung und Herstellung verschiedener Spätzlesgeräte begann
· hat man in jeder Ecke des Spätzlelandes Schwaben andere Grundsätze und Namen für die Vielzahl der Geräte und Produkte.

Seit wann Spätzle (und auch Knöpfle) in der Form, wie wir sie heute kennen, wirklich hergestellt wurden, liegt im Dunkeln. Die Verwendung von einem Spätzlebrett zum Schaben oder einem Spatzenmodel war jedenfalls die Voraussetzung dafür. Es genügte aber bereits ein einfaches Brettchen oder eine gelochte Schaumkelle, die wohl in jeder Küche vorhanden waren.
Als einfaches Arme-Leute-Essen tauchten die Spätzle in den alten, für den Adel und reiche Bürger bestimmten Kochbüchern kaum auf. Auch deshalb werden sich Geburtsort und –datum in ihrer heutigen Form wohl nie feststellen lassen.

Es wird auch erzählt, dass einmal versehentlich beim Kochen der Teig auf einen Deckel gestrichen und dann mit dem Kochlöffel in das Wasser gestoßen wurde. Das Ergebnis überzeugte – und damit waren die Spätzle erfunden.

Max Förderreuther stellte um 1900 fest:
Man lebte jahraus, jahrein von den Milchprodukten in Verbindung mit Mehl, Eiern, Kraut und Bohnen. Suppen und Müsla waren Morgen- und Nachtessen. Die Hauptmahlzeiten bestanden aus Nudla, Spätzla oder Knöpfla, Küchle, Kratzet und Aufläufen. Nicht einmal „Die Sieben Schwaben" konnten bei ihrem abenteuerlichen Zug auf ihren Feldkoch verzichten, der als „Knöpfleschwab" mit Hafen, Pfanne und Seiher unentbehrlich war.
Man darf also feststellen, dass die Küche unserer Vorfahren ein gutes Jahrtausend auf diesen Grundelementen mit geringen Abwandlungen, höchstens Ergänzungen beruhte und die Schwaben damit heiter und zufrieden waren. Kein Haushalt entbehrte des Backofens, des Nudelbrettes, des Walers und des dreifüßigen Spatzenseihers, den der aus schwäbischem Erfindergeist geschaffene Spatzenhobel ablöste.

Wortweiser

offizielle Beschreibung eines Lexikons:
SPÄTZLE sind eine Eiermehlspeise mit gelblicher Farbe. Sie haben ein würmchenförmiges Aussehen und sind circa 2 bis 3 cm lang

Im Allgäu:
SPÄTZLE oder **SPATZEN** sind kurz, rund und klein, normal im Spätzlehobel gemacht
SCHWABENSPÄTZLE heißen die langen Spätzle aus der Spätzlepresse.

Im württembergischen Schwaben:
SPÄTZLE sind lang und dünn; sie sind geschabt oder diesen zumindest nachempfunden
KNÖPFLE sind kurz, rund und klein

Alles klar?

Frühere Arbeitsweisen

Alte Spätzlesformen

Auf die alten Spätzlesformen verweisen wir weniger zum Nachmachen, sondern um wohl die ältesten Zubereitungsarten festzuhalten.

GEZUPFTE SPÄTZLE

400 g Mehl
ca. 1/4 l Wasser
Salz
Ohne Eier!

Teig zu einem festen Teig verkneten: Fingerdicke Rollen herstellen, davon haselnußgroße Stücke ab-„zupfen“. Diese Stücke werden dann wie andere Spätzle gegart, abgeschreckt und weiterverarbeitet.

Ursprünglichste Form der Spatzen:

Wenn man heutzutage alte Kochbücher studiert, sind Spatzen oft kleine Knödel.

Und wie das folgende Rezept wurden sie früher häufig ohne Ei hergestellt.

LÖFFELSPATZEN

400 g Mehl
ca. 1/4 l kochend heißes Wasser
Salz
Ohne Eier!

Das heiße Wasser mit einem Kochlöffel unter das Mehl rühren, ähnlich wie bei Brandteig. Den Teig nun mit einem Löffel zu Spatzen bzw. Knöpfle (früher Knötlein) formen, ins kochende Wasser legen und ungefähr 10 Minuten ziehen lassen.

Verwandt zu den Spätzle sind die Riebele, die man immer noch in der Suppe kennt.
Vorteil: man muss kein Gerät spülen!

RIEBELESUPPE

4 gehäufte EL Mehl
1 Ei
Salz
1 1/2 l Fleischbrühe
Schnittlauch

Mehl, Ei und Salz mit der Gabel vermischen, zwischen den Fingern verreiben, bis alles Mehl gebunden ist. Die Brühe zum Kochen bringen, Riebele einstreuen, 3 Minuten leise kochen lassen, bei ausgeschalteter Platte zugedeckt noch einige Minuten ziehen lassen. Mit Schnittlauch bestreuen.

Frühere Geräte

Ungefähr seit dem Jahre 1910 gibt es die verschiedenen Geräte zur Spätzleherstellung. Hier eine kleine Auswahl der verschiedenen Erfindungen, die das Spätzlemachen erleichtern sollten.

Dreifußspätzler ohne Füße

Seit die Töpfe nicht mehr in den Herd eingehängt werden, ist das Auflegen des Brettes mit dem Spätzler nicht mehr praktikabel, es rutscht zu sehr.

Urform Spätzledrücker

Hier wurde dann mit einem separaten Stößel gearbeitet.

Spätzlemaschine alt

Spätzlebrett alt

Eine der Urformen von Spätzle, sie wurden vom Brett geschabt

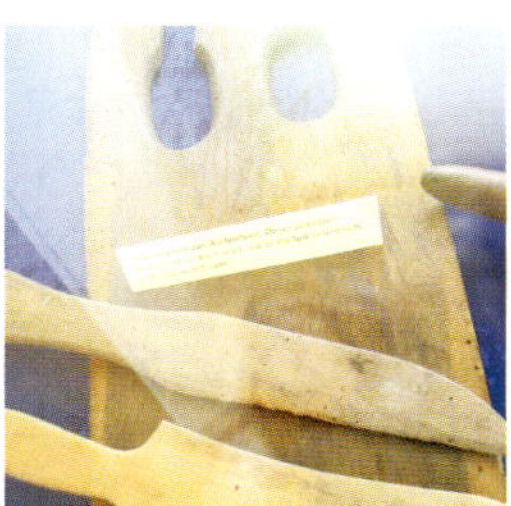

Vorgängerin der „Flotten Lotte“

Ursprünglicher Name nicht bekannt, das Prinzip ist aber wie der Flotten Lotte

Hobelmodel

Dreifußseiher mit Schlitten, Vorgänger des Spätzlehobels

Spätzleseiher

Dreifußseiher, Vorgänger des Spätzletellers

Auszug aus einem alten Kochbuch

Spätzle.

Man macht einen Teig aus ½ Pfund Mehl, 2 Eiern, etwas Salz, ½ Backpulver und so viel Wasser, daß eine ziemlich feste, breiige Masse entsteht, die man so lange schlägt, bis sie Blasen wirft. In einem breiten, flachen Topf wird Salzwasser kochend gemacht, ein zweiter Topf mit kochend heißem Salzwasser nebenbei gestellt. In das kochende Wasser rührt man mit einem Kartoffelstampfer oder einem breiten Quirl den dickflüssigen Teich in kleinen Portionen (Schöpflöffel) ein. Der Teig muß in dicken Tropfen durch ein großlochiges Sieb (Spätzleseiher) herabfallen. Das Sieb darf nicht auf dem Topfrand aufliegen, sondern muß möglichst hoch über das kochende Wasser gehalten werden, weil der aufsteigende Dampf den Teich rasch gar macht und dadurch die Sieblöcher verstopft werden. Ist eine Portion durchgerührt, so wird sie sofort mit einem Schaumlöffel herausgenommen und in den zweiten Topf mit dem sogenannten Schwenkwasser gelegt, worin die Spätzle bis zum Anrichten heiß gehalten werden, aber nicht mehr kochen dürfen. Langes Stehen vertragen die Spätzle nicht. Beim Anrichten werden sie auf einen Durchschlag geschüttet, rasch mit kaltem Wasser überspült, auf der flachen Anrichteschüssel bergartig gehäuft und mit brauner Butter oder gerösteten Semmelbröseln übergossen. Für nicht geübte Spätzleköchinnen empfiehlt es sich, diese Arbeit zu Zweien zu verrichten. In Süddeutschland werden die Spätzle, die man dort sehr häufig Knöpfle nennt, mit einem Messer vom „Knöpflesbrett" ins Kochwasser geschabt, doch ist dies eine Bereitungsart, die man nur durch A n s c h a u u n g erlernen kann, erklären läßt sie sich nicht.

Geräte zur Spätzleherstellung heute

Spätzlepresse oder Spätzledrücker, Spätzleschwob

Die Spätzlepresse sieht aus wie eine überdimensionale Knoblauchpresse. In der Regel ist sie aus Metall, teilweise aus einem speziellen Hartplastik. In die Öffnung wird der Teig gegeben und dann in das kochende Wasser gepresst. Dabei wird die Presse auf den Topfrand gelegt. Moderne Pressen haben verschieden große Löcher, um unterschiedlich große Spätzle herzustellen.

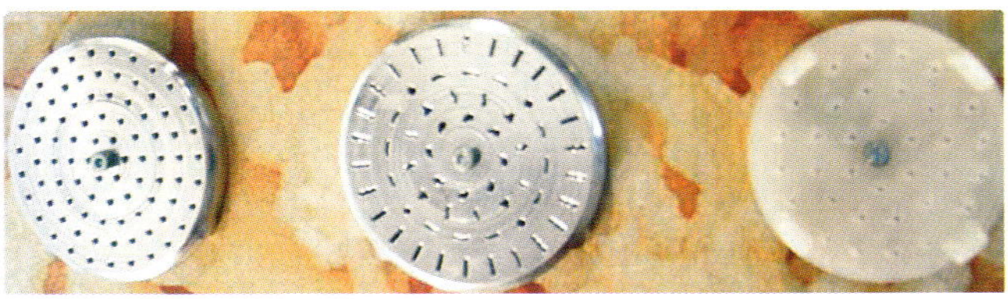

Ein weicherer Teig lässt sich zwar besser durchdrücken, aber die Spätzle verkleben nach dem Herausdrücken schneller als bei einem festeren Teig. Nach dem Pressdurchgang sollen die Spätzle im Wasser sofort umgerührt werden, dass sie nicht zusammenkleben.

Manche Pressen kann man zur Reinigung leicht auseinandernehmen. Dabei ist darauf zu achten, dass die Presse keine Kleinteile hat, die dabei verloren gehen können. Pressen mit polierten Oberflächen sollten nicht in die Spülmaschine gegeben werden, außer es stört nicht, wenn sie abstumpfen.

Kurz gesagt:

Die Spätzlepresse
+ geht schnell
+ ist geeignet für große Teigmengen
– ergibt nicht die klassische Spätzleform – sie werden länglich wie Nudeln
– ist schwer zu reinigen
– ergibt viel Teigüberreste

Spätzlehobel

Der Spätzlehobel sieht im Wesentlichen aus wie eine Käsereibe mit einem aufgesetzten Schlitten und funktioniert auch so. Man füllt in den Schlitten etwas Teig, legt den Hobel auf den Rand des Topfes und fährt dann den Schlitten hin und her, der Teig läuft dabei stetig nach, und ganz von alleine fallen die Spätzle in den Topf.
Mit der Konsistenz des Teiges muß man Erfahrung sammeln, ein etwas festerer Teig gibt schönere Spätzle.

Beim Spätzlehobel gibt es sehr unterschiedliche Qualitäten. Es empfiehlt sich auf alle Fälle, nicht den nächstbesten Hobel zu kaufen. Der Griff muss auf jeden Fall mit dem Hobel fest verschweißt sein, ein Kunststoffgriff bricht bald ab. Außerdem ist darauf zu achten, dass der Hobel genau auf den Topf passt. Der Umgang mit dem Spätzlehobel will geübt sein.

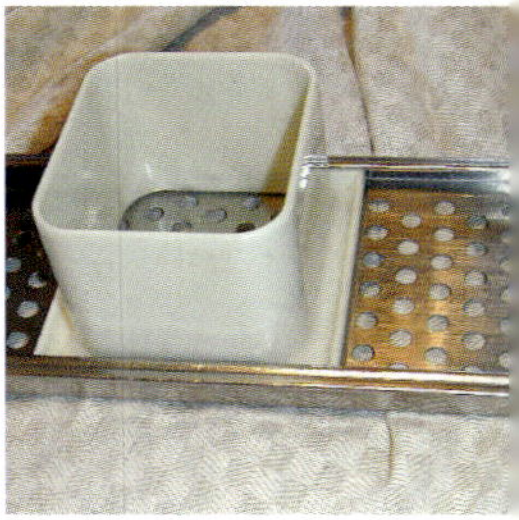

Spätzlehobel gibt es mit verschiedenen Lochungen, eben auch solche, auf deren Unterseite schräge Zapfen abstehen, damit entstehen längere und dünnere Spätzle.
Je länger diese Zapfen, auch Zungen genannt, sind, desto länger werden auch die Spätzle.

Die Geräte mit einfacher Rundlochung waren im katholisch geprägten Allgäu und im Süden Schwabens eher verbreitet, darum nannte man sie auch „katholische Hobel“. Die überwiegend in nördlichen, evangelisch geprägten Gegenden Schwabens benutzte Hobel mit Zapfen an der Unterseite wurden dementsprechend „evangelisch“ genannt. Sie sind noch schwieriger sauberzumachen.

Kurz gesagt:

Der Spätzlehobel
+ bewältigt größere Mengen an Teig
+ ergibt nicht viel Teigüberreste
+ produziert eine schöne und feine Form der Spätzle
– erfordert einen großen Kraftaufwand beim Hobeln
– ist schwer zu reinigen

Definition von einem Spätzlehobel: ein Blech mit Löchern, auf dem ein Kasten hin- und hergeschoben wird.

SPÄTZLETELLER, SPÄTZLESIEB

Das Spätzlesieb ist ein planes rundes Stück aus Kunststoff oder Edelstahl, mit hochgezogenem Rand, welches in etwa die Größe eines Topfdeckels hat. In die kreisrunde Fläche sind Löcher gestanzt. Außerdem benötigt man noch einen Schaber aus Holz, Kunststoff oder Metall, der in der Regel dem Gerät beigelegt ist.
Das Spätzlesieb wird wie ein Deckel auf den Topfrand gelegt. Man gibt eine Portion Teig auf das Sieb und schabt diesen dann mit dem Schaber durch die Löcher. Durch die große Fläche kommt man leicht in Gefahr, zuviel Teig in einer Portion verarbeiten zu wollen. Nachdem aber der Kochvorgang nicht überwacht werden kann, kann es leicht passieren, dass bei zu großen Mengen die Spätzle darunter verkleben, genauso die Sieblöcher. Die Sieblöcher sind hier gefährdeter wie beim Hobel, da der Dampf und auch der entstehende Schaum keine Entweichmöglichkeiten haben und nicht überwacht werden.

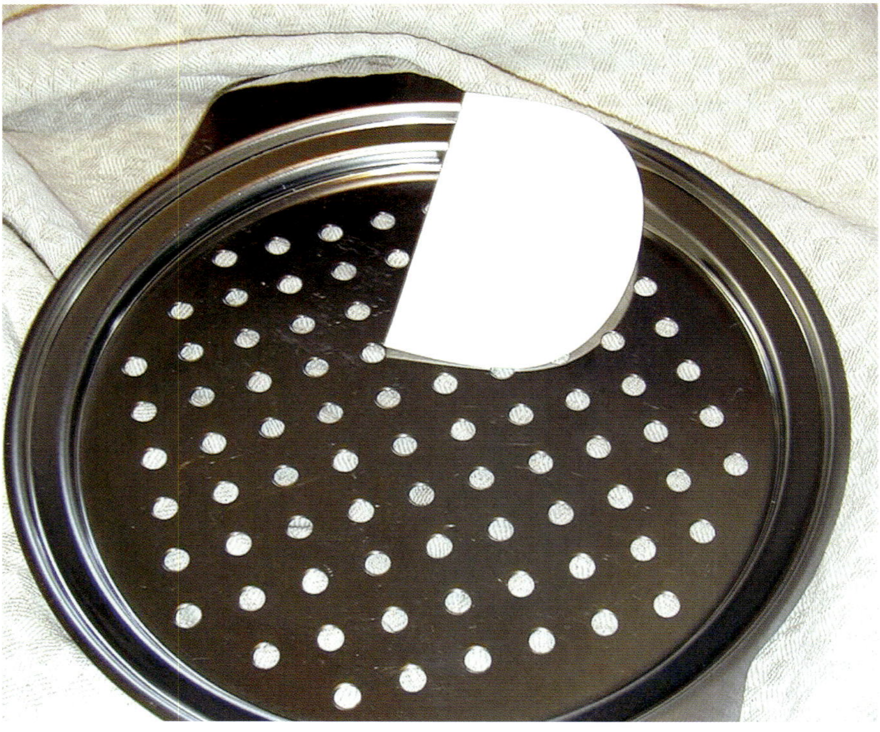

Kurz gesagt:

Der Spätzleteller
+ erfordert keinen großen Kraftaufwand
+ hinterlässt keine Teigüberreste
+ benötigt keinen großen Zeitaufwand
+ ist einfach und schnell zu spülen
+ ergibt eine schöne Spätzleform, aber etwas größer als beim Hobel
– man ist auf bestimmte Topfgröße beschränkt
– der Kochvorgang kann nicht überwacht werden
– unter dem Hineinstreichen kann man nicht umrühren
– Sieblöcher und Spätzle verkleben leichter
– das Sieb muss regelmäßig ins Wasser getaucht werden, damit die Löcher nicht verkleben

Der Teig sollte etwas weicher sein, dass der Schabvorgang schnell beendet ist.

Spätzlesmulde

Die Spätzlesmulde ist ein Zwischending zwischen dem Teller und dem Hobel. Es ist länglich wie der Spätzleshobel, hat aber keinen Schlitten, sondern in der Mitte eine Mulde. Der Teig wird wie beim Teller auf das Gerät gegeben und mit einer speziellen abgerundeten Teigkarte in das Wasser gedrückt.

Kurz gesagt:

Die Spätzelsmulde
+ hat eine kleine Fläche, dadurch wird der Teig nicht so weit verstrichen und ist schneller durchgedrückt
+ ist auch in kleinen Töpfen gut anwendbar, weil die Lochfläche ziemlich kurz ist
+ geht einfach und schnell zu spülen
– hat relativ große Löcher, es gibt dadurch auch größere Spätzle

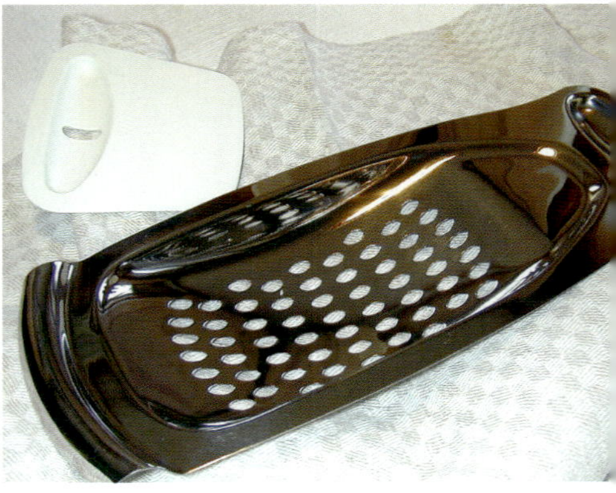

Spätzlebrett und Schaber

Das Spätzlebrett ist in der Regel aus unbehandeltem Holz, etwa 10 cm breit und 20 cm lang, mit einem großen Griff am oberen Ende. Am unteren Ende ist es keilförmig angespitzt, um den Teig gut vom Brett schaben zu können. Der zugehörige Schaber ist in der Regel aus Metall.

Zum Schaben taucht man das Brett in das kochende Wasser, um es anzufeuchten und gibt etwa ein oder zwei Eßlöffel des zähflüssigen Teiges auf die untere Hälfte des Brettes. Der Teig wird dann etwas glatt gestrichen. Das Brett wird mit der zugespitzten Seite an die Wasseroberfläche gehalten. Mit dem Schaber werden dann kleine Teigstücke vom Brettende aus ins Wasser geschabt. Gelegentlich wird der verbleibende Teig auf dem Brett mit dem Schaber etwas weiter nach vorne geschoben. Wenn die Teigportion komplett im Wasser ist, wartet man bis die Spätzle aufgekocht sind und schöpft sie mit dem Seiher aus dem Wasser. Weiter so verfahren, bis der ganze Teig verarbeitet ist.

Kurz gesagt:

Das Spätzlesbrett:
+ ergibt eine schöne Spätzlesform
+ es gibt wenig zu spülen, darum gut für Singles
+ hinterlässt keine Teigüberreste
– es dauert sehr lange, da in kleinen Portionen gearbeitet werden muss
– es braucht viel Übung dazu

Spätzlemaschine mechanisch (auch Spätzle-Hexe genannt) und elektrisch

Spätzlemaschinen gibt es mechanisch, für den Großhaushalt natürlich auch elektrisch.

Die Spätzlemaschine funktioniert ähnlich wie eine Rohkostreibe. Es gibt einen Behälter, in den der Teig eingefüllt wird und dann über eine rotierende Walze die Spätzle durch die Löcher ins kochende Wasser gedrückt werden. Diese „Schnecke“ wird mit der Handkurbel oder Einschaltknopf in Bewegung gesetzt.

Durch eine Haltevorrichtung kann das Gerät am Topf befestigt werden, so dass man sich ganz auf's Reiben und Nachfüllen konzentrieren kann. Bei der elektrischen Spätzlemaschine steht das Gerät standfest auf der Arbeitsfläche.

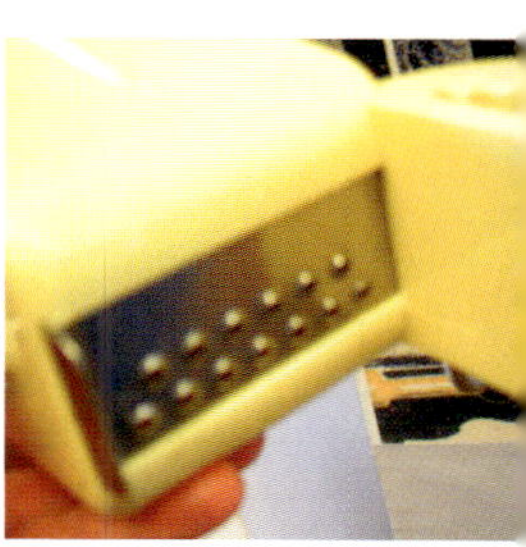

Kurz gesagt:

Die Spätzlemaschine
+ ergibt eine schöne Form der Spätzle
+ geht sehr schnell, darum vor allem für Großküchen
+ der Teig muss nicht abgeschlagen werden
– die Maschine ist schwer zu reinigen
– es bleiben viele Teigreste übrig

TIPP!
Alle Geräte zur Herstellung von Spätzle vor dem Benützen und Abspülen in kaltes Wasser legen, damit der Teig sich besser löst.

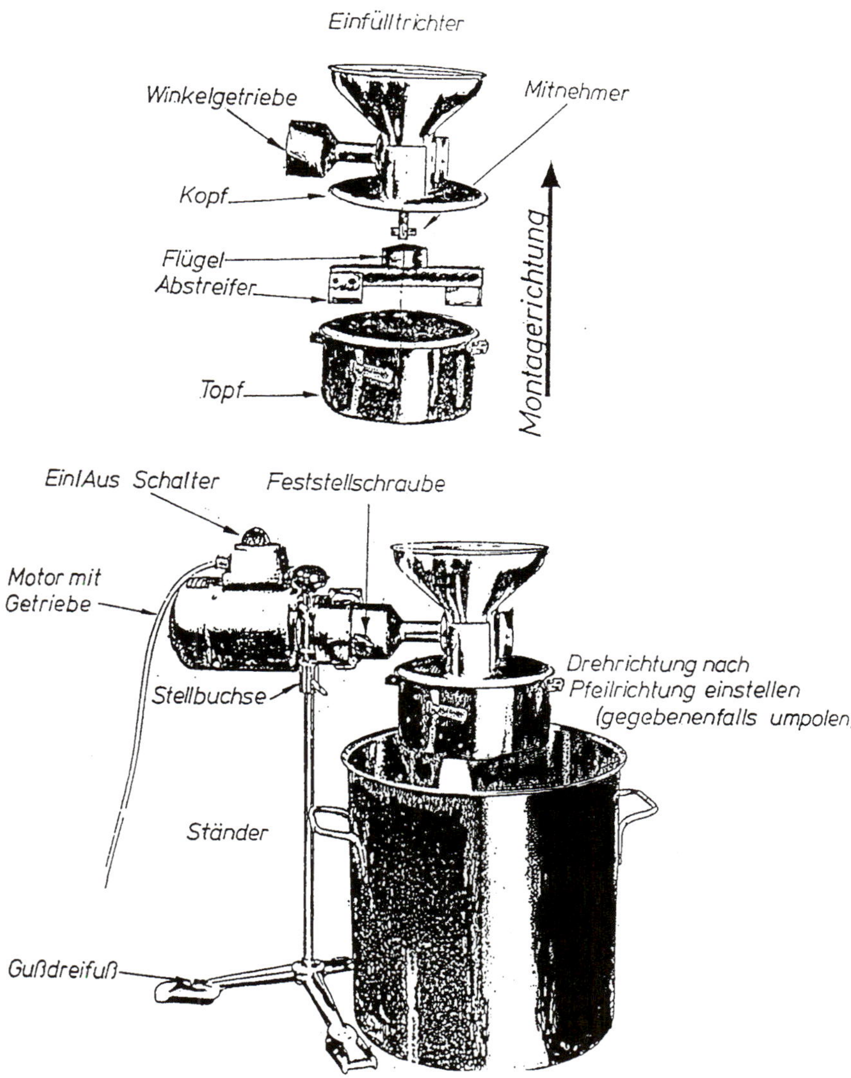
Einfülltrichter
Winkelgetriebe
Mitnehmer
Kopf
Montagerichtung
Flügel
Abstreifer
Topf
Ein/Aus Schalter
Feststellschraube
Motor mit
Getriebe
Stellbuchse
Drehrichtung nach
Pfeilrichtung einstellen
(gegebenenfalls umpolen.
Ständer
Gußdreifuß

Inhaltsstoffe

Alte Bücher schreiben von der „Küche", deren Herzstück seit anderthalb Jahrtausenden ist und bleibt: die Mehltruhe.

Sie hat vier Ecken und steht damit auf vier Füßen: Milch und Wasser, Eier und Schmalz.

Diese Inhaltsstoffe wollen wir im nächsten Abschnitt näher beleuchten. Durch die große Angebotsvielfalt haben wir die Möglichkeit, die Spätzle, ein eigentlich ziemlich einfaches und neutrales Gericht gut zu variieren, die Vorlieben und Abneigungen zu akzeptieren und immer wieder was anderes auf den Tisch zu bringen.

Getreideerzeugnisse

Unterscheidung nach der Körnung

· Mehl	feingemahlen als Typ 405, 550, 1050 und 1800
· Spätzlemehl	Doppelgriffiges Mehl Mischung aus 50% und 50% Mehl
· Dunst	im Feinheitsgrad zwischen Mehl und Grieß, griffig, feinkörnig
· Grieß	körnig gemahlen

Unterscheidung nach Ausmahlungsgrad

Der Ausmahlungsgrad des Getreides wird durch die Typenzahl gekennzeichnet.
Die Mehltype gibt an, wieviel Gramm Asche (unverbrennbare Mineralstoffe) in 100 kg wasserfreiem Mehl enthalten ist.
· Je größer die Zahl, umso wertvoller ist das Mehl für unsere Ernährung
· Je größer die Zahl, umso dunkler wird das Mehl, und die Spätzle genauso
· Für Spätzle kann jedes Weizenmehl verwendet werden; denjenigen, denen Vollkornmehl zu kräftig und dunkel ist, sollen die Typen 550 und 1050 probieren.

Auswahl für Spätzle

· Mehl Typ 405 gibt natürlich gute Spätzle und ist immer zur Hand

· Spätzlemehl ist besonders quellfähig, es ergibt lockeren, elastischen und kochfesten Teig, es klumpt nicht und lässt sich dadurch leichter verarbeiten

· Bewährt hat sich eine Mischung 1:1 von Weizenmehl Typ 405 und Spätzlemehl, weil sie so eine optimale Form, eine schöne Farbe und einen guten, kernigen Geschmack erhalten

· Hartweizengrieß und Dunst können ein Drittel des Mehles ersetzen, dadurch werden Spätzle kerniger und fester
· Grieß ohne Mehl gibt sehr weiche Spätzle, die sich nur für die Suppe eignen. Dem Grieß allein fehlt die Bindefähigkeit für ein kompaktes Spätzle.

· Vollkornmehl braucht mehr Flüssigkeit und Quellzeit.

Unterscheidung nach Getreidearten

Spätzle mit Weizenvollkornmehl

Die Wassermenge muss dafür erhöht werden, weil das Mehl diese Flüssigkeit zum Ausquellen braucht. Dieser Teig muss dann mindestens 5 Minuten quellen.

Dinkelspätzle

Dinkel – auch Schwabenkorn genannt – erlaubte der Hausfrau früher durch seinen hohen Kleberanteil, im Winter Spätzle ohne Eier herzustellen. Der Teig muss dabei etwas länger geknetet werden. Heutzutage hat Dinkel eine Bedeutung, weil er von den Inhaltsstoffen wertvoller ist als Weizen. Der Ausmahlungsgrad liegt beim hellen Dinkelmehl bei 630.

Spätzle mit Buchweizen

Buchweizen bringt einen leicht nussigen Geschmack. Dieses Mehl kann nur in Mischung bis zu einem Drittel verwendet werden, weil es zu wenig klebt.

Spätzle mit Vollsojamehl

Vollsojamehl liefert hochwertiges Eiweiß.

Spätzle mit Hirsemehl oder Maismehl

Ein Drittel des Mehles kann auch durch Hirsemehl oder Maismehl ausgetauscht werden. Es bringt eine schönere gelbe Farbe.

Weizenme
Type 405
Dinkel
Vollkornmehl
LANDKORN
Bio
Buchweizen
Mehl
glutenfrei
500 g
bio

Eier im Spätzleteig

Faustregel: 1 Ei auf 100 g Mehl. Die Variationsbreite liegt bei 0,5 bis 2 Eier pro 100g Mehl

Auswirkung der Eimengen:

Farbe	mehr Ei gibt gelbere Farbe gelbere Farbe kann auch durch Verwendung von nur Eigelb, Safran, Kurkuma oder Carotin erzielt werden
Konsistenz	durch Verwendung von mehr Eier wird weniger Wasser benötigt, Eiweiß bindet den Teig Spätzle werden fester und kerniger
Nährwert	mehr Eier macht den Teig gehaltvoller, d.h. der Nährwert wird höher, durch mehr Ei wird Fettbedarf geringer, aber gleichzeitig wird damit auch die Cholesterinaufnahme erhöht
Geschmack	mehr Eier bewirken einen intensiveren Geschmack

Bei Bedarf kann Wasser und Eier gegeneinander ausgetauscht werden. Das Wasser kann vollständig durch Eier ersetzt werden.
Man kann Spätzle auch ohne Eier machen. Dann verwendet man Eiersatzpulver, das im Reformhaus erhältlich ist. Somit kann man bei Bedarf cholesterinfreie Spätzle erzeugen.

Früher wurden mit Dinkelmehl auch Spätzle ohne Ei gemacht, dies ist möglich, weil Dinkel mehr Klebereiweiß enthält.

Flüssigkeit

Die Flüssigkeitsmenge beeinflusst die Konsistenz der Spätzle: weicherer Teig gibt weichere Spätzle.
Normalerweise lieben wir aber kernige feste Spätzle, diese kleben in der Pfanne beim Erhitzen auch nicht so leicht an.

· In der Regel wird zum Spätzleteig normales, **KALTES WASSER** verwendet (heißes Wasser verklumpt sofort).

· **FLÜSSIGKEIT MIT KOHLENSÄURE** (Mineralwasser oder Bier) macht die Spätzle lockerer.
Sehr lockere Spätzle kleben aber in der Pfanne, wenn sie wieder erhitzt werden sollen.

· Früher verwendete man öfters **MILCH UND SAHNE** als Flüssigkeit in den Spätzleteig. Dadurch wird er gehaltvoller, was heutzutage eigentlich nicht mehr gewünscht wird.
Sinnvoll kann es sein, wenn die Eiermenge reduziert wird.
Bei Verwendung von Milch sollten Spätzle allerdings am gleichen Tag verzehrt werden, da diese leichter sauer werden.

· Manche geben 2 EL **WEIßEN ESSIG** in den Teig. Er hat vor allem den Zweck den Spätzle Festigkeit zu geben. Das ist bedenkenlos möglich, denn nach der Zubereitung schmeckt man den Essig nicht mehr.

· Etwas **ÖL** im Teig macht ihn geschmeidiger, die fertigen Spätzle schmecken etwas runder. Nachdem Spätzle aber sowieso noch mit genügend Fett in Berührung kommen, bis sie auf dem Teller sind, ist eine Ölzugabe überflüssig.

· In den Rezepten findet man noch **ANDERE MÖGLICHKEITEN** von Flüssigkeiten: wenn es für den Geschmack gut ist, ist alles erlaubt und möglich.

Fette

Fett ist zwar kein Inhaltsstoff von Spätzle, aber ein sehr wichtiger Begleiter. Darum möchten wir auch diesem Nährstoff einen Abschnitt widmen.

Fette sind unentbehrlich als Energiequelle, Bau- und Schutzstoff und für die Aufnahme der fettlöslichen Vitamine A, D, E und K, außerdem sind es wichtige Geschmacksträger.
Trotzdem sollte mit Fett sparsam umgegangen werden.

Bei der Fettauswahl spielt das richtige Verhältnis der verschiedenen Fette eine Rolle: ideal wäre eine Fettzusammensetzung mit

1/3 gesättigte Fettsäuren,
1/3 einfach ungesättigte und
1/3 mehrfach ungesättigte Fettsäuren.

Prinzipiell kann jedes Fett alle drei Fettsäuren enthalten, nur in unterschiedlicher Menge.
So ist der Anteil der gesättigten Fettsäuren in Fetten tierischer Herkunft hoch, pflanzliche Fette enthalten dagegen besonders viel ein- und mehrfach ungesättigte Fettsäuren.
Ob ein Nahrungsfett reich an gesättigten oder ungesättigten Fettsäuren ist, kann man übrigens auch an seiner Konsistenz erkennen.
Allgemein gilt: Je fester ein Nahrungsfett aus dem Kühlschrank kommt, desto höher ist sein Gehalt an gesättigten Fettsäuren; je weicher es ist, desto mehr ungesättigte Fettsäuren enthält es.

VERWENDUNG IN DER KÜCHE

Fettart	wofür	Eigenschaften	Fettsäurenanteil in %		
			Gesättigt	Einfach unges.	Mehrfach unges.
Butter	zum Andünsten Abschmälzen, Brotaufstrich	+ guter Eigengeschmack + regionales Produkt + natürliches Produkt + leicht verdaulich + ohne Zusatzstoffe - nicht hocherhitzbar	**60**	37	03
Pflanzen-Margarine	zum Andünsten	+ pflanzliches Fett - nicht hocherhitzbar - viele Zusatzstoffe	35	24	**40**
Butterschmalz	zum Dünsten, Braten, Ausbacken	+ hocherhitzbar + guter Eigengeschmack + regionales Produkt	**60**	37	3
Rapsöl, Olivenöl, raffinierte Pflanzenöle	zum Braten, Ausbacken	+ meist hocherhitzbar + geschmacksneutral	19	**73**	8
Distel-, Walnuss- Kürbiskernöl kaltgepresst	zu kalten Vorspeisen, Salaten	+ Eigengeschmack + natürliches Produkt – nicht hoch erhitzbar	10	15	**75**
Sonnenblumenöl, Maiskeimöl raffiniert	zum Braten, Ausbacken	+ hocherhitzbar + geschmacksneutral	8	27	**65**
Gehärtete, wasserfreie Pflanzenfette	zum Braten, Ausbacken	+ hocherhitzbar + geschmacksneutral	**92**	6	2
Schweineschmalz	zum Braten Brotaufstrich	+ Eigengeschmack + hocherhitzbar - nicht so gut verdaulich	**54**	43	3

(mod. nach DGE)

Spätzle brauchen meist einen dieser Fett-Begleiter. Aber wir sollten sparsam damit umgehen und die richtige Fettart dazu auswählen!

Soßen, Aufläufe und Gratins sind in der Spätzleküche ohne Milchprodukte nicht denkbar. Viele Rezepte geizen nicht mit Sahne oder Fett. Durch Wissen über die Vielzahl unterschiedlicher „weißen“ Nahrungsmittel lassen sich eine Menge Kalorien einsparen.

Sauermilchprodukte

Crème fraîche	min. 30% Fett
Schmand	20-30% Fett
Sauerrahm	min. 10% Fett
Joghurt	0,3-3,5% Fett
Buttermilch	ca. 1% Fett

Je fettärmer und saurer jedoch das Produkt ist, desto größer wird das Risiko, dass die Masse beim Erhitzen gerinnt und ausflockt.

Nicht gesäuerte Milchprodukte

Crème double	ca. 43% Fett
Schlagsahne	min. 30% Fett
Kaffeesahne	min. 10% Fett
Milch	0,3-3,5 % Fett

Im Grunde sind die Milchprodukte beliebig austauschbar. Der Fettgehalt und somit auch der Kaloriengehalt variiert dadurch natürlich. Aber auch der persönliche Geschmack spielt bei der Verwendung des jeweiligen Produktes eine entscheidende Rolle.

Spätzle kochen –
mal ganz grundsätzlich

BENÖTIGTE KÜCHENUTENSILIEN:
Schüssel
Kochlöffel oder Handrührgerät mit Knethaken, Küchenmaschine bei großen Mengen
hohen, weiten Topf
Spätzlesbrett, -schaber, -hobel, -teller
Schaumlöffel
Teigschaber
große Schüssel und Seiher zum Abschrecken

ZUTATEN:
400 g Mehl (Typ 405)
4 Eier
120 bis 150 ml Wasser
1 geh. TL Salz

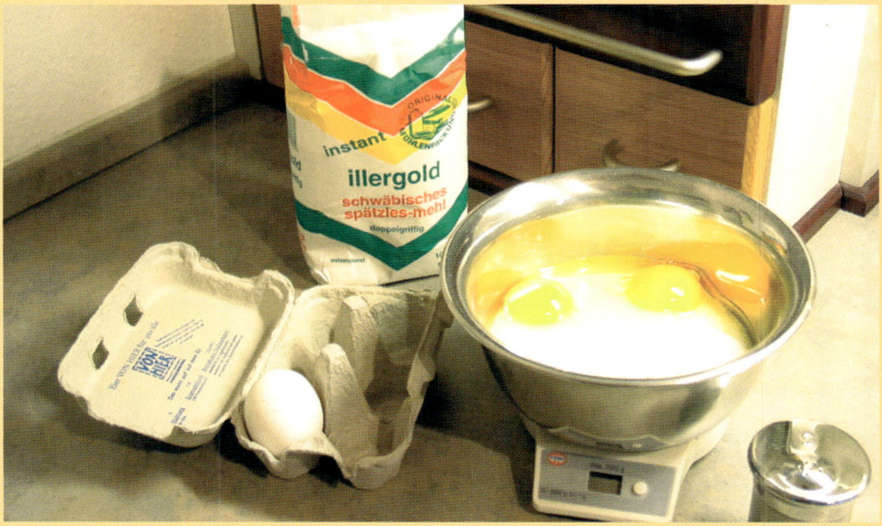

Diese Mengen ergeben genügend Spätzle, um für 4 Personen ein Hauptgericht (100 g Mehl/Person) daraus zu machen.
Als Beilage reicht eine Menge von 70 g Mehl pro Person, für eine Süßspeise 30 bis 50 g Mehl pro Person.

Auf 100 g Mehl nimmt man
1 Ei
30 bis 40 ml Wasser (das entspricht 1/2 Eierschale voll)
1/2 gestr. TL Salz

Teigbereitung

Alle Zutaten werden in einer Schüssel vermengt. Für die Weiterverarbeitung auf dem Brett, in der Presse oder Spätzleteller soll der Teig geschlagen werden, bis er Blasen wirft.
Für den Hobel und die Maschine muss er nur „schlampig“ verrührt werden, da er durch das Hobeln sowieso noch bearbeitet wird.

Teigkonsistenz

Für Hobel, Spätzlemaschine und Presse sollte der Teig etwas fester sein, zum Schaben und für den Spätzleteller den Teig etwas weicher halten, damit er leichter zum Schaben und Streichen geht.
Ein festerer Teig gibt kernigere Spätzle. Bei weichem Teig sind Spätzle eher weich und verkochen schneller.

KOCHVORGANG

Einen hohen, weiten Topf mit Wasser füllen und zum Kochen bringen; reichlich Salz zugeben. Eine Schüssel und ein Sieb zum Abtropfen bereitstellen. Wenn das Wasser kocht, das „Werkzeug“ kurz unter kaltem Wasser abspülen. Der Teig klebt dann nicht so leicht an dem Werkzeug. Etwa ein bis zwei Löffel Teig auf das Teller oder in den Spätzlehobel geben.

Der große Topf ist nötig, um den Spätzle genügend Platz zu geben, dass sie nicht zusammenkleben oder nur in ganz kleinen Portionen gearbeitet werden kann. Außerdem ist es wichtig, dass zwischen der Wasseroberfläche und dem Spätzlewerkzeug genügend Freiraum ist (am besten 10 cm), so verklebt die Unterseite des Werkzeuges nicht nach jeder Portion.

Auch die Rückseite des Werkzeuges sollte nach jeder Portion abgeschabt werden, dass nichts verklebt.

Wenn die Spätzle im Laufe des Garprozesses an die Wasseroberfläche kommen und aufkochen, sind sie fertig.

Beschaffenheit der Spätzle

Wenn Sie	werden die Spätzle
an der Wasseroberfläche schwimmen, aber nicht aufkochen	teigig, matschig, klebrig
einmal sprudelnd aufkochen	gut, Vorschrift nach HACCP
3 Minuten kochen	weich

Für die Gemeinschaftsverpflegung ist es Vorschrift, dass Speisen mit Ei eine Innentemperatur von 65 °C erreichen, so dass etwaige Salmonellen abgetötet sind.
Dies erreichen die Spätzle nach einem einmaligen sprudelnden Kochen.

Nachbehandlung

Mit dem Schaumlöffel die Spätzle aus dem Wasser nehmen, in der bereitgestellten Schüssel mit Wasser abschrecken.

Es ist umstritten, ob die Spätzle abgeschreckt werden sollen. Beim Abschrecken wird die sich beim Kochen teilweise gelöste Stärke abgespült. Das Abschrecken ist auf jeden Fall wichtig, wenn die Spätzle nicht sofort weiterverarbeitet werden.

Möglichkeiten der Nachbehandlung von Spätzle

Abschrecken mit

kaltem Wasser	Spätzle sind sofort kalt, verkleben nicht; notwendig, wenn sie erst später weiterverarbeitet werden
heißem Wasser	Spätzle bleiben heiß, kleben kaum, kein zusätzlicher Arbeitsgang zum Erwärmen nötig, d.h. gute Möglichkeit, wenn Spätzle sofort serviert werden sollen
kurz kalt und dann heiß	Kleben nicht, und sind heiß
gar nicht	Kleben rasch zusammen, außer sie werden sofort zu Tisch gegeben oder mit Butter abgeschmälzt

Wenn Spätzle nicht sofort weiterverarbeitet werden, zum Abtropfen flach ausbreiten. So trocknen sie gut ab, und bleiben beim Wiedererwärmen schön einzeln.

Bei Nudeln wird Öl in das Kochwasser gegeben, um das Verkleben der Nudeln zu verhindern, bei Spätzle ist dies auf Grund der Teigbeschaffenheit und weiterer Fettzugabe nicht notwendig.

Die Auswirkungen von Zutatenänderungen lesen Sie im Abschnitt „Inhaltsstoffe“.

Alle Utensilien, die mit dem Spätzleteig in Berührung gekommen sind, gleich mit kaltem(!) Wasser abspülen oder einweichen. Warmes oder heißes Wasser ist zu vermeiden, da sich sonst ein zäher Leim bildet.

Regenerieren = Wiedererwärmen

·Mikrowellengerät:
Spätzle auflockern und (je nach Wunsch mit einigen Butterflocken) auf einem Teller (= 1 Portion) im Mikrowellengerät bei 800 W 2 Minuten erwärmen.
·Pfanne:
Die Spätzle in heißer Butter in der Pfanne anschwenken. Um hierbei ein schönes, zufriedenstellendes Ergebnis zu bekommen, ist es wichtig, **trockene und kompakte Spätzle** zu haben.
Was ist wichtig dazu? –

- Verwendung von Spätzlemehl oder Grießanteil
- kein Mineralwasser im Teig,
- nicht zu lange kochen,
- kalt abschrecken

·Backofen:
vor allem für größere Mengen: Die Spätzle auf das gebutterte tiefe Backblech geben, bei 100 °C ca. 20 Minuten erhitzen. Braucht nicht abgedeckt zu werden, lieber zum Servieren etwas durchmischen.
·Wasser:
Die Spätzle in kochendem Wasser etwa 1 Minute ziehen lassen. Mit einem Sieb herausnehmen, abtropfen lassen und sofort servieren. Im Wasser können die Spätzle aber höchstens 5 Minuten warm gehalten werden, sonst werden sie teigig.
·Konvectomat:
Die Spätzle in eine flache GN-Wanne geben, mit Dampf 100 °C 10 Minuten erhitzen.

Suppeneinlagen

Eine Festtagssuppe besteht bei uns im Allgäu normalerweise aus verschiedenen Knödeln.
Spätzle als Suppeneinlagen kommen in der Rangliste der festlichen Einlagen zwar nach den Knödel erst an zweiter Stelle, aber sie haben verschiedene Vorteile.

Sie bringen in das festliche Suppenteller etwas Abwechslung von der Form her, zum Teil sind es die gleichen Teige z.B. bei Brätspätzle und Grießspätzle.

Und der große Vorteil liegt im Arbeitsaufwand: sie sind eine sehr schnelle Suppeneinlage. Außerdem lassen sie sich sehr gut vorbereiten, leicht eingefrieren, schnell und unkompliziert auftauen und schmecken danach noch genauso gut.

Die vielfältigsten Abwandlungen gibt es für die Spätzleteige als Suppeneinlagen.
Dafür können die Spätzle nicht nur gekocht, sondern auch fritiert werden.

Grießspätzle enthalten kein Mehl, sie sind auch viel weicher und würden sich für andere Spätzlegerichte schlecht eignen, aber in der Suppe freuen wir uns über eine weiche Einlage.
Brätspätzle sollen nicht kochen, dass sie schön in der Form und kompakt bleiben. Wie für Brätspätzle haben wir auch für Leberspätzle ganz andere Teige, die nicht mehr viel mit dem Grundrezept Spätzle zu tun haben.

Backspätzle (Backerbsen) – Bachene Spatzen

250 g Mehl
4 Eier
1/8 l Wasser
1 Msp. Salz
evtl. 1/2 P. Backpulver

Fett für die Friteuse

Aus den Zutaten einen Teig herstellen. Die zähflüssige Teigmasse mit dem Spatzenhobel **IN KLEINEN PORTIONEN** in das heiße Fett geben. Sind die Spätzle goldgelb, werden sie mit dem Schaumlöffel aus dem Fett genommen und können auf Küchenkrepp abtropfen. Man serviert diese zur Brühe.

Variante:
500 g Mehl
5 Eier
1 Würfel Hefe
1/8 l Milch angewärmt
1/2 TL Salz

Zubereitung wie oben, der Teig sollte ungefähr 10 Minuten gehen.

Diese kann man sehr gut auf Vorrat machen. Darum sind die obengenannten Mengen auch relativ groß.

Brätspätzle

250 g Brät
2 Eier
1/2 Tasse Milch oder Sahne
40 g Semmelbrösel
Salz
Pfeffer
Muskat
Zitronenschale
gewiegte Petersilie

Brät mit warmer Milch oder Sahne vermengen und schaumig schlagen.
Eier, Semmelbrösel und Gewürze zugeben und gut vermischen. Die Spätzle in die kochende Fleischbrühe hobeln. Spätzle ca. 10 bis 15 Minuten ziehen lassen.
Brätspätzle sollen nicht mehr aufkochen, dann bleiben sie kompakter!

Wurschtspatze oder Wurstspätzle

Grundrezept Spätzle:
200 g Mehl
2 Eier
60-80 ml Wasser
1 gestrichener TL Salz

1/2 Bund Petersilie
1 kleine Zwiebel
20 g Butter
150 g gerauchte Schinkenwurst oder andere Wurst- und Bratenreste

Brühe:
1 l Fleisch- oder Gemüsebrühe
Schnittlauch

Spätzleteig ohne weitere Zutaten wie im Grundrezept beschrieben herstellen. Zwiebeln würfeln, in der Butter glasig dünsten, Petersilie klein hacken, Schinkenwurst nicht zu grob würfeln und mit dem Spätzleteig gut vermengen. Wurstspätzleteig wie im Grundrezept beschrieben in kochendes Wasser schaben.

Serviert werden die Wurstspätzle in mit Schnittlauch bestreuter, heißer Fleisch- oder Gemüsebrühe.

Leberspätzle

250 g gemahlene Leber
1 Zwiebel
20 g Butter
1/2 Bund Petersilie
150 g Mehl
3 Eier
Salz
weißer Pfeffer
1 TL getrockneter Majoran
1 TL abgeriebene Zitronenschale

Zwiebeln fein würfeln und glasig dünsten. Petersilie klein hacken. Die Eier verquirlen und mit dem Zwiebel, der Leber und dem Mehl vermischen. Salz, Pfeffer, Majoran und Zitronenschale zugeben und abschmecken.
Spätzle in kochende Brühe hobeln, 5 bis 10 Minuten ziehen lassen und nach Belieben mit Schnittlauch servieren.

Leberspätzle werden meist in heißer Fleischbrühe serviert.

Variante:
Sie können aber auch im Wasser gekocht, abgeschreckt und mit gerösteten Zwiebeln und brauner Butter und Sauerkraut serviert werden.

Grießspätzle

40 g Butter
60 g Hartweizengrieß
Salz
Muskat
1 Ei
1 1/2 l Brühe

Butter schaumig rühren, dann Grieß, Ei und Salz zugeben und gut verrühren.
Teig zum Quellen 10 Minuten stehen lassen.
Brühe zum Kochen bringen, Teig in heiße Brühe hobeln, einmal aufkochen lassen und anschließend 10 Minuten ziehen lassen.
Mit Schnittlauch anrichten.

Käsegerstensuppe

40 g Butter
40 g Mehl
3 EL Sahne
60 g milder geriebener Hartkäse, z.B. Edamer
2 Eier
Salz
1 1/2 l Fleischbrühe

Eine festliche, schnelle Suppe!

Butter zerlaufen lassen, Mehl in flüssige Butter einrühren, etwas dünsten, mit Sahne aufgießen, Käse dazugeben, nach und nach die Eier unterrühren, salzen.
Mit einem Spätzlehobel in die kochende Brühe drücken. Einmal aufkochen lassen und servieren.

Saure Spätzlesuppe

Grundrezept Spätzle:
200 g Mehl
2 Eier
60-80 ml Wasser
1 gestrichener TL Salz

Suppe:
1 l Wasser
1 Brühwürfel
1 Schuss Essig

Zum Abschmelzen:
30 g Butter
1 Zwiebel

Spätzle und Suppe zubereiten, Zwiebel sehr fein schneiden und in Butter bräunen, Butter und Zwiebel vor dem Anrichten auf die Suppe geben.

Spätzle als Beilagen

Spätzle sind ideal als Beilage für alle Arten von Fleischgerichten, vor allem für solche mit viel Soße. Spätzle sind gerade dazu erschaffen, durch ihre raue, unregelmäßige Oberfläche viel Soße aufzunehmen und festzuhalten. Hier macht sie der Nudel große Konkurrenz.
Spätzle ist ein Alltagsgericht, ist aber genauso eine sehr festliche Beilage.

Sie passt ausgezeichnet zu Wild, zu Kalb, Schwein und Rind. Auch zu Geflügelfleisch ist es eine gute Beilage, wenn das Gericht genügend Soße bietet.
Mit Fisch gibt es allerdings noch keine überzeugenden Kombinationen.

Spinatspätzle

400 g Mehl
2-3 Eier
250 g frischen Spinat oder 200 g TK-Spinat gehackt
Salz, Muskatnuss, evtl. auch mit 1/2 Bund Basilikum

Zum Schwenken:
1 bis 2 EL Butter

Für die guten grünen Spätzle nimmt man am besten frischen Spinat. Wer diesen nicht klein hacken kann oder nur wenig Zeit hat, kann auch tiefgefrorenen gehackten Spinat kaufen.

Den Spinat putzen und klein hacken oder mixen. Mit Salz und Muskatnuss würzen oder Spinat andünsten, bis er zusammengefallen ist, dann mit dem Kompaktmixer mit etwas Milch mixen oder mit dem Pürierstab pürieren (oder gehackten Tiefkühlspinat auftauen lassen und wie frischen Spinat im Teig verarbeiten).

Zusammen mit den übrigen Zutaten einen Spätzleteig herstellen.
Die abgetropften Spätzle in eine Pfanne geben und kurz in Butter schwenken.

Beilagen:
Passt gut zu Fleischgerichten, Wild, Eierspeisen und auch zu Fisch mit Soße.
Oder wenn es schnell gehen soll, eine Hackfleischsoße dazu machen.
Weitere Verwendung siehe Schinken-Spinat-Spätzle und Spinat-Spätzle-Auflauf.

Kräuterspätzle

Grundrezept Spätzle:
280 g Mehl
3 Eier
90-120 ml Wasser
1 TL Salz
5 EL oder 100 g fein gehackte Kräuter

Geeignet sind Petersilie, Bärlauch, Liebstöckel, Estragon, Salbei, Basilikum oder Sauerampfer. Frische Brennesseln sind auch einen Versuch wert. Es können auch Mischungen verschiedener Kräuter je nach Geschmack genommen werden.

Teig wie im Grundrezept zusammenrühren und vor der Weiterverarbeitung die Kräuter untermengen.

Beilagen: Dazu passt sehr gut frischer Salat.

Tipps:
Basilikumspätzle können gut als Kässpätzle weiterverarbeitet werden!

Bärlauchspätzle sind sehr gut mit Käse-Sahne-Soße.

Steinpilzspätzle

Grundrezept Spätzle:
280 g Mehl
3 Eier
90-120 ml
Wasser
1 TL Salz
20 g fein gemahlene getrocknete Steinpilze

Spätzle zubereiten wie Grundrezept, die gemahlenen Pilze werden dabei unter den Teig gerührt.

Beilagen:
Dazu passt sehr gut eine Kräutersoße.

Probieren Sie auch mal die Spätzlevariationen aus der Süßspeisenecke als Beilage:
So sind auch Mohnspätzle (natürlich ohne Zucker) eine gute Beilage zu einem feinen Fleischgericht wie Kalbsschnitzel.

Apfelspätzle passen hervorragend zu Wildgerichten.
Auch Quarkspätzle können hier eingesetzt werden. Quarkspätzle sind sehr hell und durch den Quark leicht säuerlich, sie geben einen guten Kontrast zu einem dunklen Fleisch, z. B. Rinderrouladen.

Mangoldspätzle

Grundrezept
Spätzle:
400 g Mehl
4 Eier
1 gehäuften TL Salz
Wasser ersetzen durch
400 g Mangold
(grüne Teile)

Mangold waschen, Stiele abstreifen, Mangoldgrün grob schneiden und mit dem Pürierstab pürieren, evtl. wenig Flüssigkeit dazugeben.
Spätzleteig herstellen, dabei das Wasser durch den pürierten Mangold ersetzen.
Spätzle ins kochende Wasser hobeln, aufkochen lassen, abschrecken.

Oder:
Mangoldspätzle können zu Mangoldauflauf weiterverarbeitet werden.

Tipps:
Die übriggebliebenen Stiele können weiterverarbeitet werden, ähnlich wie Spargel, mit Butter, Käse oder hellen Soßen. Die Stiele werden dazu in Salzwasser ungefähr 20 Minuten gekocht.

Stielmangold mit Butterbrösel

400 g Mangoldstiele
1 TL Salz
20 g Butter
Salz
Pfeffer
100 g Crème fraîche

Für die Brösel:
10 g Butter
2 EL Semmelbrösel

Mangold gründlich waschen, die Blätter von den Rippen streifen, die Fasern abziehen. Den Mangold in ungefähr 4 cm lange Stücke schneiden, im kochenden Salzwasser zugedeckt 20 Minuten kochen, dann in einem Sieb abtropfen lassen. Die Butter zerlassen, den Mangold darin wenden, würzen und die Crème fraîche unterrühren. Den Mangold bei schwacher Hitze im offenen Topf bis zum Anrichten noch etwas ziehen lassen.
In einer kleinen Pfanne die Butter zerlassen, die Semmelbrösel unter Umwenden darin anbräunen und über dem angerichteten Mangold verteilen.

Passt gut zu Kalbsrahmschnitzeln mit Mangoldspätzle oder zu Poularde mit Mandeln und Mangoldspätzle.

Tomatenspätzle

Grundrezept Spätzle:
280 g Mehl
3 Eier
90-120 ml
Wasser
1 TL Salz
3 EL Tomatenmark

Zugaben nach Geschmack:
Geriebener Hartkäse, Kräuter (Thymian, Oregano, frischer Schnittlauch)

Wie im Grundrezept den Teig herstellen. Das Tomatenmark kann auch durch Ketchup verstärkt werden. Auch passierte Tomaten aus der Dose sind möglich, dann muss allerdings die Flüssigkeit verringert werden.
Spätzle herstellen und je nach Geschmack mit Käse und/oder den oben genannten Kräutern garnieren.

Beilagen:
Passt gut zu grünem Salat.

Meerrettichspätzle

Grundrezept Spätzle:
280 g Mehl
3 Eier
90-120 ml Wasser
1 TL Salz
2-3 gehäufte EL geriebenen Meerrettich

Spätzleteig nach Grundrezept zubereiten, dabei geriebenen Meerrettich unter den Teig mischen.

Beilage:
Schmeckt gut zu Rinderbraten oder Sauerbraten.

Rote-Bete-Spätzle

Grundrezept Spätzle:
280 g Mehl
3 Eier
1 TL Salz
Wasser ersetzen durch 200 g Rote Bete vorgegart und püriert oder 150 ml Rote-Bete-Saft

Rote Bete pürieren. Sollten Sie keine vorgegarten Rote Bete bekommen, die rohen Knollen waschen, schälen und in grobe Würfel schneiden. Im Schnellkochtopf etwa 10 Minuten garen, abtropfen lassen, zerkleinern, unter den Spätzle-Teig mischen.

Tipp:
Den Rote-Bete-Saft schmeckt man in den Spätzle kaum, aber er wirkt als gutes Färbemittel.

Beilage:
Zu einem hellen Fleisch gibt es einen guten Kontrast, interessant ist es auch mit Gorgonzola-Soße.

200 g Gorgonzola
250 ml halb Milch, halb Sahne

GORGONZOLA-SOSSE:
miteinander erhitzen, abschmecken, fertig.

Nuss-Spätzle

Grundrezept Spätzle:
280 g Mehl
3 Eier
90-120 ml Wasser
1 TL Salz
100 g geriebene Haselnüsse

Spätzleteig nach Grundrezept herstellen. Dann die geriebenen Haselnüsse zugeben und alles gut durchmischen. Spätzle nach Grundrezept fertigen und in Butter schwenken.

Beilage:
Schmeckt gut zu Fleisch oder zu Wirsingspätzle.

Paprikaspätzle

Grundrezept Spätzle:
280 g Mehl
3 Eier
90-120 ml Wasser
1 TL Salz
3 EL Paprikapulver (süß oder scharf)
etwas Speiseöl

Wie im Grundrezept den Teig herstellen. Dabei das Paprikapulver zunächst mit dem Öl verrühren, bevor es zum Teig gegeben wird. Anschließend Spätzle herstellen.

Beilage:
Passt gut zu Fleischgerichten, vor allem solchen, die traditionell mit Paprika gemacht werden, wie beispielsweise Gulasch.

Kastanienspätzle *Etwas für Gourmets!*

200 g Mehl
200 g Kastanienpüree (gibt es in Feinkostgeschäften)
2 Eier
Salz
wenig Flüssigkeit

Kastanienpüree mit den anderen Zutaten zu einem Spätzleteig verrühren, Spätzle herstellen wie im Grundrezept.

Beilage:
Es schmeckt ganz dezent, passt hervorragend zu Blaukraut und Geflügel.

Bierspätzle

300 g Mehl
3 Eier
1 Prise Salz
150 ml helles Bier oder dunkles Hefeweizen

Zubereitung :
Wie Grundrezept

Beilage:
Sie passen sehr gut zu deftigem Braten.

Einsamkeitsspätzle (Knoblauchspätzle)

Grundrezept Spätzle:
280 g Mehl
3 Eier
90-120 ml
Wasser
1 TL Salz

1 Knolle Knoblauch

3 gepresste Knoblauchzehen in den Teig nach Grundrezept geben. Den Rest der Knolle blättrig schneiden, in der Pfanne sehr gut anbraten und über die fertigen Spätzle geben.

Tipp:
Weiterverarbeiten zu „Spätzle mit Tomaten überbacken".

Zwiebelspätzle

Grundrezept Spätzle:
280 g Mehl
3 Eier
90-120 ml
Wasser
1 TL Salz
2 Zwiebeln

Eine Zwiebel kleinschneiden, andünsten, pürieren und in den Teig nach Grundrezept geben. Weitere Zwiebeln (Menge nach Belieben) in Streifen schneiden, abrösten und über die Spätzle geben.

Zur Herstellung der Zwiebelspätzle nimmt man am besten den Spätzleteller, dieser hat etwas größere Löcher, das ist wichtig, wenn noch Stückchen im Teig sind.

Tipp:
Pürieren geht besser mit etwas Flüssigkeit, darum gleich das Ei zum Pürieren der Zwiebeln dazugeben.

Buchweizen-Soja-Spätzle

Für den Teig:
200 g Weizen
200 g Buchweizen
100 g Vollsojamehl
4 Eier
250 ml Wasser
2 gestr. TL Salz
1 Msp. Muskatblüte

Den Weizen und den Buchweizen staub- oder mehlfein mahlen. In einer Schüssel das Weizen-, Buchweizen- und Sojamehl, Salz, die Muskatblüte, die Eier und das Wasser gut miteinander verrühren. Es soll ein gerade noch rührbarer Teig entstehen. Bei Bedarf noch etwas Wasser zugeben. Den Teig 30 Minuten ruhen lassen.

In 2 Töpfen je 1 1/2 l Wasser mit je 1 TL Salz zum Kochen bringen. Spätzle in den Topf mit dem sprudelnd kochenden Wasser geben. Wenn Sie oben schwimmen, mit einem Schaumlöffel herausheben und in den Topf mit dem heißen Wasser geben. Dann die Spätzle herausnehmen und gut abtropfen lassen.

Bunte Spätzle

Spinatspätzle
Tomatenspätzle
Mohnspätzle
Spätzle mit Curcuma oder Maismehl
Rote-Bete-Spätzle
Möhrenspätzle
Nussspätzle

Zubereitung wie bei den einzelnen Rezepten beschrieben, die Platte können Sie nach Ihrem Vorlieben variieren.
Auf einer Platte nebeneinander anrichten, ein Festtagsschmaus auch für das Auge – so mögen es auch die Kinder gerne!

Kartoffelspätzle

500 g Kartoffeln
4 EL Mehl
1 Ei
Salz
Muskat

Gekochte und durchgedrückte Kartoffeln vermengt man mit Mehl, Ei, Salz, Muskat und, wenn nötig, mit etwas Wasser zu einem festen Teig.
Weiterverarbeiten wie Grundrezept.

Man kann natürlich auch dem Spätzlesteig etwas geriebene Kartoffeln beimengen und dann weiterverarbeiten.

Kartoffelspatzen sind relativ weiche Spätzle, bei der Weiterverarbeitung muss vorsichtig damit umgegangen werden.

Servieren mit gerösteten Zwiebeln und Salat; sehr gut schmecken sie weiterverarbeitet zu Spätzlepuffer.

Spätzle mit Tomaten überbacken

Grundrezept Spätzle:
400 g Mehl
4 Eier
120-150 ml Wasser
1 gehäuften TL Salz

Butter für die Auflaufform
4-6 Tomaten
Salz
Pfeffer
100 g Emmentaler oder Bergkäse

Spätzle nach Grundrezept herstellen.
Tomaten in Scheiben schneiden.
Die Spätzle in eine gefettete, feuerfeste Form geben, mit den Tomatenscheiben belegen, salzen, pfeffern, und mit geriebenem Emmentaler bestreuen.

Im Backofen bei 200 °C ungefähr 20 Minuten goldgelb überbacken.

Tipps:
Wenn man's mag, Knoblauchspätzle dazu verwenden.
Es kann gut vorbereitet werden, darum nutzen Sie ein solches Rezept, um bei einem Festessen die Arbeitsspitze am Schluss zu entzerren.

Sesamspätzle

Grundrezept Spätzle:
400 g Mehl
4 Eier
120-150 ml
Wasser
1 gehäuften TL Salz

150 g Sesam
20 g Butter

Spätzle zubereiten nach Grundrezept, in einer Pfanne den Sesam in heißer Butter anbraten. Die abgetropften Spätzle dazugeben und durchschwenken.

Tipp:
Dasselbe können Sie auch mal mit geschälten Sonnenblumenkernen probieren.

Beilage:
Passt gut zu einem festlichen Braten.

Spätzle mit Paprikastreifen

Grundrezept Spätzle:
280 g Mehl
3 Eier
90-120 ml
Wasser
1 TL Salz

50 g Butter
600 g frische
Paprika bunt
Salz

Spätzle nach Grundrezept herstellen. Paprika in Streifen schneiden, in heißer Butter mit wenig Salz 5 Minuten lang andünsten.

Dann Spätzle darüber geben und zusammen erhitzen.

Typische Spätzle Garnierungen

Geschmälzte Spätzle

30 g Butter
4 EL Semmelbrösel

In einer Pfanne den Butter erhitzen, die Semmelbrösel darin braun rösten, dabei immer umrühren, da die Brösel sehr schnell verbrennen.

Semmelbrösel über die heißen Spätzle geben.

Geschmälzte Spätzle sind eine feine Beilage zum Braten.

Geröstete Zwiebelringe

2 Zwiebeln
50 g Butter oder Butterschmalz
1 EL Mehl
Salz

· Zwiebeln in ganze Ringe schneiden – eventuell auch mit dem Hobel
· langsam in reichlich Butter dünsten – geht das zu schnell oder wird mit Fett gespart, wird die Butter schwarz und die Zwiebel nicht kross.

· Mit Mehl bestäuben – so bekommen sie eine schönere braune Färbung und werden knuspriger
· salzen – der süße Geschmack der Zwiebel wird so überspielt.

Dies gehört natürlich reichlich auf Kässpatzen, ist aber auch auf anderen deftigen Spätzlespeisen das i-Tüpfchen.

Hauptgerichte mit Spätzle

Hauptgerichte mit Spätzle gibt es sehr viele, vor allem weil Spätzle so wandlungsfähig sind:
Der Spätzleteig kann verändert werden, die Form und dann vor allem die Zutaten drum herum.
Außerdem sind Speisen mit Spätzle preiswert, nahrhaft und schnell zubereitet.
Ein weiterer Vorteil der Spätzle sind die Konsistenz: Sie lassen sich leicht wieder aufbereiten, das heißt wieder erwärmen, was die Vorbereitung beim Kochen sehr erleichtert.

Von „Aufgezogene Spätzle bis Zucchinispätzle“ reicht die Vielfalt Allgäuer Spatzen in diesem Kapitel:
Der Käse ist ein wichtiger Bestandteil unserer Spätzlegerichte und hat eine sehr lange Tradition. Dadurch gibt es auch sehr viele Variationen.
Gemüsekombinationen mit Spätzle sind eher neuere Kreationen im Zuge des Trends zur leichteren Küche.
Aufläufe sind heutzutage sehr gefragt, da sie einfach herzustellen sind, ziemlich sicher gelingen und die Köchin am Kochende entlasten, da der Auflauf im Backofen steht.
Soße ist der zweite wichtige Bestandteil, ohne sie stehen die Spätzle, wenn sie gerade keinen Käse haben, ganz schön verloren da.
Gerichte mit Fleisch und Wurst sind deftige Gerichte; die Gerichte mit Ei sind hauptsächlich veredelte Restespeisen.
Salate mit Spätzle sind zunächst fremd, denn es ist ungewohnt, Spätzle kalt zu essen, aber man lernt sie lieben.

Hauptsache Käse

Allgäuer Käsespatzen

Zutaten für den Teig:
400 g Mehl
4 Eier
120-150 ml Wasser
1 gehäuften TL Salz
1/2 TL Muskatnuss

Zutaten zur Fertigstellung:
125 g Allgäuer Emmentaler
125 g Bergkäse
62 g Weißlackerkäse

Zur Garnitur:
500 g Zwiebeln
70 g Butter, Mehl, Salz

Zwiebeln schälen und in Ringe schneiden, leicht mit Mehl bestreuen, etwas salzen und in der Hälfte der Butter langsam anrösten. In der Zwischenzeit einen flachen, dickwandigen Steinguttopf von ca. 2,5 l Fassungsvermögen mit Deckel im Bratrohr bei ca. 100 °C etwa 30 Minuten vorwärmen. Den Emmentaler- und den Bergkäse reiben und in einer Schüssel die beiden Käsesorten gut mischen. Den Weißlackerkäse auf einen flachen Teller legen und mit einer Gabel in kleine Bröckchen zerdrücken.
Spätzle herstellen, nicht abschrecken, sondern sofort in den vorgewärmten Steingut-

topf, beginnend mit einer Schicht Spätzle, dann den geriebenen Käse, sowie etwas Weißlackerkäse abwechselnd schichten. Zum Schluß sollte obenauf die letzte Schicht Spätzle kommen. Während die Spätzle gemacht werden, sollte der Steinguttopf immer mit dem Deckel gut abgedeckt bleiben, damit die Spätzle und der Käse so richtig ineinander laufen können und nicht auskühlen.

Jetzt wird der Topf mit den Spätzle vorübergehend wieder zurück in das Bratrohr bei ca. 80 °C gestellt. Nach Fertigstellung der gerösteten Zwiebel wird die verbliebene Butter dazugegeben und alles über die Spätzle verteilt und sofort serviert.

Tipp:
Der sehr würzige, aber auch sehr leckere Weißlackerkäse hat leider außerhalb des Allgäus keine große Verbreitung. Der Geschmacksunterschied ist unvergleichlich!

Beilagen:
Auf den Tisch gehört außerdem ein grüner Salat und Salz und Pfeffer.

Dazu trinkt man am stilechtesten und besten Milch.

Ein kühles Bier oder auch ein trockener Riesling dazu ist aber auch nicht zu verachten.

Kässpatzen mit Gemüse

Grundrezept Spätzle:
400 g Mehl
4 Eier
120-150 ml Wasser
1 gehäuften TL Salz

Käse:
200 g Emmentaler gerieben, wer's pikant mag, einige Stücke Limburger

Gemüse:
Je 100 bis 200 g Gemüse zu gleichen Teilen
Lauch
Champignons
Zwiebeln
oder anderes Gemüse

Zubereitung:
Gemüse vorbereiten: Lauch und Zwiebeln in Ringe schneiden, Champignons blättrig schneiden, diese in Butter andünsten und würzen.

Spätzle nach Grundrezept zubereiten, aber nicht abschrecken.
Spätzle lagenweise mit Gemüse und Käse in eine Auflaufform schichten. Mit Gemüseschicht und Käse abschließen.
Kässpatzen ungefähr 10 bis 15 Minuten im Rohr überbacken.

Beilage: Dazu Salat nach Jahreszeit.

Original Vorarlberger Kässpätzle

Zutaten für den Teig:
400 g glattes Mehl
4 Eier
120-150 ml Wasser
Salz

Zutaten für den Rest:
120 g Bergkäse
120 g Räßkäse
120 g Butter
Pfeffer (frisch gemahlen)
1 Bund Schnittlauch
1 mittelgroße Zwiebel

Zwiebeln schälen und in Ringe schneiden. Die beiden Käse reiben. Den Spätzleteig und die Spätzle wie im Grundrezept beschrieben herstellen. Spätzle lagenweise in eine Schüssel schichten. Jede Lage mit Käse bestreuen. Mit Spätzle abschließen. Zum Schluss einen Schöpfer Salzwasser oder Rindersuppe darüber gießen. Zudecken und auf Dampf warm stellen.

Butter in einer Pfanne schmelzen lassen. Die fein geschnittenen Zwiebeln goldbraun anrösten, zusammen mit der Butter über die Spätzle gießen.

Mit frischem schwarzem Pfeffer und geschnittenem Schnittlauch bestreut servieren.

Heutzutage würde man natürlich die Fettmenge erheblich reduzieren.

Käsespätzle mit Variationen

Grundrezept Spätzle:
400 g Mehl
4 Eier
120-150 ml Wasser
1 gehäuften TL Salz

Zutaten für den Rest:
2 mittelgroße Zwiebeln
2 EL Öl
200 g Hartkäse (am besten würzigen Bergkäse)
weißer Pfeffer (frisch gemahlen)
Semmelbrösel

Den Spätzleteig wie im Grundrezept beschrieben herstellen, heiß abschrecken. Damit die Spätzle nicht kalt werden, kann man sie in einem auf 80 °C vorgeheizten Ofen warm halten.

Die Zwiebeln in Ringe schneiden und braun rösten. Den Käse reiben. Eine Auflaufform ausfetten und mit Semmelbrösel bestreuen. Beginnend mit einer Schicht Spätzle, darauf die Zwiebeln, Pfeffer, Käse und wieder Spätzle, Zwiebeln usw. in die Auflaufform füllen. Darauf achten, dass die letzte Schicht aus Käse besteht. Bei ca. 180 °C ca. 30 Minuten auf der zweiten Schiebeleiste von unten backen, bis sich eine goldgelbe Kruste gebildet hat.

1. Variation
Die meisten mögen dazu einen grünen Salat, aber auch eine Gemüsesoße schmeckt gut dazu.

2. Variation
Man kann aber auch alle Zutaten in eine Pfanne geben und bei mittlerer Hitze unter öfterem Wenden braten, bis der Käse gut verlaufen ist und die Spätzle (falls sie ausgekühlt waren) wieder heiß sind.

3. Variation
Man kann auch die Spätzle zuerst in Semmelbrösel wenden, bevor man sie in die Pfanne gibt.

Vollkornspätzle mit Käse

Für den Teig:
250 g Vollkorn-weizenmehl
5 große Eier
1 Msp. Muskatblüte
1 gestr. TL Salz

Zur Fertigstellung:
Butter/Öl zum Braten
2 Zwiebeln
200 g Gouda/Emmentaler

Zum Garnieren:
Petersilie, Schnittlauch

Zwiebeln in Ringe schneiden und in Butter oder Öl goldbraun rösten. Den Käse grob reiben. Spätzleteig herstellen, quellen lassen.
In 2 Töpfen je 1 1/2 l Wasser mit je 1 EL Salz zum Kochen bringen. Spätzle in den Topf mit dem sprudelnd kochenden Wasser geben. Wenn sie oben schwimmen, mit einem Schaumlöffel herausheben und in den Topf mit dem heißen Wasser geben. Dann die Spätzle herausnehmen.

Die heißen Spätzle in einer Schüssel mit den Zwiebeln und dem Käse mischen oder lagenweise einschichten, mit reichlich kleingeschnittener Petersilie und Schnittlauch bestreuen und sofort servieren.

Parmaspätzle

Grundrezept Spätzle:
400 g Mehl
4 Eier
120-150 ml Wasser
1 gehäuften TL Salz

Für den Rest:
150 g Parmesankäse
1 Becher saurer Rahm
50 g Butter

Den Spätzleteig, wie im Grundrezept beschrieben, herstellen. Die fertigen Spätzle in eine Pfanne mit der zerlassenen Butter geben. Dann werden sie mit dem Parmesankäse und dem Rahm vermischt und vorsichtig erwärmt.

Beilage:
Dazu passt vorzüglich grüner Salat.

Rosenkohl-Käse-Spätzle

Grundrezept Spätzle:
280 g Mehl
3 Eier
90-120 ml
Wasser
1 TL Salz

750 g Rosenkohl
4 mittlere Zwiebeln
2 EL Butter, Pfeffer
Kümmelpulver
150 g geriebener
Emmentaler

Spätzle zubereiten.
Den Rosenkohl putzen und dann ca. 10 Minuten in Salzwasser dünsten. Zwiebeln in Ringe schneiden und in der Butter anbräunen. Mit Pfeffer, Kümmel und Salz würzen. Rosenkohl abgießen. Abwechselnd mit Käse und Zwiebeln in eine feuerfeste Form schichten. Bei ca. 200 Grad backen, bis der Käse zerläuft.

Tipp: Dies können Sie genauso gut mit Bohnen machen!

Gemüsekombinationen

Krautspatzen

Grundrezept Spätzle:
400 g Mehl
4 Eier
120-150 ml Wasser
1 gehäuften TL Salz

800 g Sauerkraut
20 g Butter
1 Zwiebel
1 Apfel
Salz
Pfeffer
Kümmel
Wacholderbeeren
Lorbeerblatt
1/4 l Wasser

2 Zwiebeln
50 g Butter
1 EL Mehl
Salz

Feingeschnittener Zwiebel in Butter andünsten, Sauerkraut und feingehobelter Apfe zugeben und mitdünsten, würzen, aufgießen, ungefähr 20 bis 30 Minuten dünste lassen (bei Zubereitung im Schnellkochtop 6 bis 8 Minuten).

Zwiebelringe herstellen: Zwiebeln in ganz Ringe schneiden, langsam in Butter dünsten, mit Mehl bestäuben (so bekommen si eine schönere braune Färbung) und salzen

In der Zwischenzeit Spätzle nach Grundrezept herstellen, aber wie bei Kässpatzen die Spätzle nicht abschrecken.

In eine vorgewärmte Schüssel werden die frischen, heißen Spätzle (frisch aus dem Kochwasser) und Sauerkraut abwechselnd eingeschichtet. Die letzte Schicht sind Spätzle. Abgeschmälzt mit dem Butter und den Zwiebelringen servieren.

Variation:
Abgeschreckte Spätzle in der Pfanne mit fertigem Sauerkraut zusammen anrösten.

Gaisburger Marsch

Der Gaisburger Marsch verdankt seinen Namen angeblich der im Stuttgarter Stadtteil Gaisburg angesiedelten Gaststätte, der „Bäcka-Schmiede“. Dorthin begaben sich vor dem Ersten Weltkrieg die Offiziersanwärter aus der nahegelegenen Bergkaserne, da man dort einen Eintopf aus Fleischbrühe, Rindfleisch, Spätzle und Kartoffelschnitzen servierte. Die Offiziersanwärter hatten das Vorrecht, ihre Mahlzeiten außerhalb der Kaserne einzunehmen und formierten sich daher mittags zum „Gaisburger Marsch“ in die Gaststätte.

Einer anderen Überlieferung nach waren in einem Krieg die Männer von Gaisburg gefangengenommen worden. Den Frauen wurde erlaubt, eine Schüssel Essen pro Mann zu bringen. So gaben sie alles hinein, was gut und nahrhaft war.

Diese schwäbische Spezialität vereint Teigwaren und Kartoffeln in einem Gericht. In einer ursprünglicheren Form wurde es noch ohne Fleisch hergestellt, so dass es auch den Namen „Bettelleut’s Supp“ trägt.

Für die Spätzle:
Grundrezept Spätzle:
280 g Mehl
3 Eier
90-120 ml
Wasser
1 TL Salz

Für die Einlage:
500 g Suppenfleisch
250 g Kartoffeln
20 g Öl
2 Zwiebeln
Salz
2 Gelbe Rüben
Pfeffer
1/2 Stange Lauch
Muskat
1 Stück Sellerieknolle
Petersilie

Gemüse, Zwiebeln und Fleisch vorbereiten und in mundgerechte Würfel schneiden. Fett erhitzen, Zwiebeln, Gemüse und Fleisch andünsten, mit 2 l heißem Wasser aufgießen, Kartoffelwürfel zugeben und mit Salz, Pfeffer und Muskat würzen.

Ca. 45 Minuten leise kochen lassen (im Schnellkochtopf 12 Minuten). In der Zwischenzeit Spätzle zubereiten und in den fertigen Gemüsetopf geben und abschmecken.

Mit gehackter Petersilie servieren.

Dazu paßt ein gut gekühltes Bier.

Spätzle al Pesto mit frischen Pfifferlingen

Unsere kulinarische Antwort auf die beliebten italienischen Teigwaren!

Grundrezept Spätzle:
400 g Mehl
4 Eier
120-150 ml Wasser
1 gehäuften TL Salz

2-3 Esslöffel Olivenöl,
4 Schalotten oder Frühlingszwiebeln
1 frische große Knoblauchzehe
1 getrockneter Peperoncino (Chili-Schote)
ca. 200 g frische Pfifferlinge
1 kleines Glas (125 g) Pesto Rosso
1 Becher süße oder saure Sahne
Muskatnuss, frisch gerieben
Pfeffer aus der Mühle
etwas Worchester-sauce

Die Pfifferlinge putzen und waschen, zu große Exemplare halbieren. Die Zwiebeln und den Knoblauch schälen und sehr klein hacken, dann in einer Pfanne bei nicht zu großer Hitze ein paar Minuten in Olivenöl zusammen mit dem Peperoncino dünsten.

Die Pfifferlinge hinzugeben und mit Deckel auf der Pfanne ca. 10 Minuten dünsten. Das Pesto und die Sahne hinzugeben und das Ganze aufkochen lassen.

Mit einem Hauch Muskatnuss, mit Pfeffer und Worchestersauce würzen. Gut durchrühren.
Die Spätzle nach Grundrezept herstellen, nur heiß abschrecken.

Sogleich zusammen mit der Soße heiß servieren.

Spatzen mit bayrisch Kraut

Für alle, denen Sauerkraut zu sauer ist

Grundrezept Spätzle:
400 g Mehl
4 Eier
120-150 ml Wasser
1 gehäuften TL Salz

800 g Weißkraut
30 g Butter
1 TL Zucker
1 Zwiebel
Salz
Kümmel
2 EL Essig
1/4 l Flüssigkeit
60 g Speck
1 Zwiebel

Kraut vierteln, waschen, hobeln, dabei vom Strunk befreien;
Zucker in Butter leicht bräunen, feingeschnittene Zwiebel und Kümmel zugeben, kurz durchdünsten, Essig und Flüssigkeit zugeben, in geschlossenem Topf bei mäßiger Hitze gar dünsten.
Garzeit: ungefähr 45 Minuten, im Schnellkochtopf 8 Minuten.

Spätzle wie bei Kässpatzen nicht abschrecken, sofort mit dem Kraut in eine vorgewärmte Schüssel schichten.
Die letzte Schicht sind Spätzle.

Darüber gibt man dann angerösteten Speck- und Zwiebelwürfel.

Kerbelspätzle mit Spargel und Schinken

Grundrezept Spätzle:
280 g Mehl
3 Eier
90-120 ml Wasser
1 TL Salz
1 Bund Kerbel, gehackt

1 kg Suppenspargel
10 g Butter
80 g hauchdünn geschnittener Schwarzwälder Schinken

Soße:
150 g Doppelrahm-frischkäse
250 ml Spargelsud
gehackte Kräuter
Pfeffer

Spätzleteig mit gehacktem Kerbel herstellen, Spätzle zubereiten und im Backofen bei 50 °C warm stellen.
Spargel schälen und die Stangen in 3 Teile schneiden. In Salzwasser ungefähr 10 Minuten kochen.Dann abgießen und warm stellen.
Den Schinken in Streifen schneiden und in heißer Butter in einer großen Pfanne kross braten. Schinkenstreifen herausnehmen und warm stellen.
Doppelrahmfrischkäse und etwas Spargelsud in die Pfanne geben und unter Rühren aufkochen lassen, würzen und abschmecken.

Spargel in die Soße geben, zusammen mit den Schinkenstreifen und den Spätzle anrichten.

Champignons auf Kräuter-Spätzle

Grundrezept Spätzle:
280 g Mehl
3 Eier
90-120 ml Wasser
1 TL Salz

20 g Butter
1 gehackte Zwiebel
1 gehackte Knoblauchzehe
6 große Creme-Champignons
4 EL kleine Brokkoli-Röschen
1 Tomate
Wein, Salz, Pfeffer
Kräuter
1 Ei

150 g Sauce à la Hollandaise

Man dünstet je eine gehackte Knoblauchzehe und Zwiebel in Butter und gibt die gewürfelten Stiele der Champignons dazu, ebenso die Brokkoli-Röschen, die gewürfelte Tomate und schmeckt mit Wein, Pfeffer, Salz und Kräuter ab. Die erhitzte Mischung mit einem Ei stocken und die Champignons damit füllen.

Auf die Pilze gibt man Sauce à la Hollandaise und überbackt sie 10 Minuten goldgelb.

Die Champignons setzt man auf in Butter geschwenkte Kräuter-Spätzle.

Spätzle mit frischen Pilzen

Grundrezept Spätzle:
280 g Mehl
3 Eier
90-120 ml
Wasser
1 TL Salz

50 g Butter
2 Zwiebeln
1 kg frische Pilze
weißer Pfeffer, Salz
Petersilie zum
Garnieren

Pilze putzen und in kleine Stücke schneiden. Zwiebeln würfeln und mit den Pilzen in heißer Butter andünsten, würzen und zugedeckt 5 Minuten weiter dünsten. Spätzle dazu geben, umrühren und zusammen nochmals aufwärmen. In warmer Schüssel anrichten und mit gehackter Petersilie bestreuen.

Ro-Ro-Spätzle (Rotwein-Rosmarin)

Grundrezept Spätzle:
400 g Mehl
(z.B. Dinkelmehl)
4 Eier
1 gehäufter TL Salz
Wasser ersetzen durch
150 ml Rotwein

1 Prise Zucker
Verriebene Rosmarinnadeln

Zutaten zur Fertigstellung:
Einige kleine frische Champignons
100 g Hartkäse
(z.B. Emmentaler)

Den Spätzleteig und die Spätzle wie im Grundrezept beschrieben herstellen, dabei das Wasser durch Rotwein ersetzen sowie verriebene Rosmarinnadeln und eine winzige Prise Zucker zugeben. Wegen des kräftigen Aromas eignet sich Dinkelmehl (oder eine Mischung aus Weizen- und Dinkelmehl) besonders gut. Den Käse reiben. Die fertigen Spätzle mit frischen kleinen Champignons in Butter schwenken. Nochmal mit Rotwein ablöschen, dazu kurz erhitzen, damit die Flüssigkeit vergeht und die Spätzle nicht matschig werden. Zum Schluß den geriebenen Käse unterheben.

Saure Bohnenspatzen

Grundrezept Spätzle:
400 g Mehl
4 Eier
120-150 ml Wasser
1 gehäufter TL Salz

500 g grüne Bohnen
Bohnenkraut
60 g Butter
40 g Mehl
3/4 l Flüssigkeit
Salz, Pfeffer, Essig
Lorbeerblatt
Nelken, Zwiebel

Grüne Bohnen in 3 cm lange Stücke schneiden und in wenig Salzwasser mit Bohnenkraut gar kochen.
Mittelfarbige Einbrenne herstellen, mit Bohnensud ablöschen, mit Salz, Pfeffer und Essig würzen und mit einer mit Lorbeerblatt und Nelke gespickten Zwiebel sämig kochen. Bohnen zugeben und abschmecken.

Spätzle zubereiten, nur heiß abschrecken und sofort zu Tisch geben; getrennt oder vermischt.

Variation:
In Württemberg isst man dies auch so mit weißen Bohnenkernen.

Linsen mit Spätzle

Zutaten für den Teig:
Grundrezept Spätzle:
280 g Mehl
3 Eier
90-120 ml Wasser
1 TL Salz

Zutaten für die Soße:
250 g Tellerlinsen
1 Bund Suppengrün
1 Zwiebel
2 Gewürznelken
4 Suppenknochen

Zum Abrunden:
2 EL Tomatenmark
Salz
Pfeffer
getr. Majoran
Thymian

200 g grobe geräucherte Schweinsbratwürste, Wiener oder Schüblinge

Das Suppengrün waschen und grob kleinschneiden. Die Zwiebel schälen und mit den Gewürznelken bestecken. Die Knochen waschen. Die Linsen mit Wasser, dem Suppengrün, der Zwiebel und den Knochen im Dampfdrucktopf 10 Minuten kochen lassen. Nicht salzen, sonst werden die Linsen nicht weich! Die Zwiebel und die Knochen aus den Linsen nehmen. Das Tomatenmark, Salz und die Gewürze untermischen. Die Würste in Scheiben schneiden und im Linsentopf erhitzen.

Spätzleteig herstellen, den Teig durch einen Spätzlehobel in kochendes Salzwasser drücken. Die garen Spätzle heiß abschrecken und sofort zu den Linsen servieren.

Schinken-Spinatspätzle

Zutaten
Spinatspätzle:
400 g Mehl
2-3 Eier
250 g frischen Spinat oder 200 g TK-Spinat gehackt
Salz, Muskatnuss, evtl. auch mit 1/2 Bund Basilikum

Zur Fertigstellung:
40 g Butter
180 g Schinken
1/8 l trockener Weißwein
1/8 l Rahm süß
geriebener Parmesan

Spinatspätzle herstellen und abschrecken. Butter in einer Pfanne zerlassen, Schinkenwürfel zugeben, etwas anbraten lassen und mit Weißwein ablöschen. Dann Rahm zugeben, würzen und Parmesan darüber streuen. Die gekochten Spätzle dazugeben, alles gut vermischen, erhitzen und sofort servieren.

Gelbe-Rüben-Spatzen mit Käse

Verpacken Sie doch einmal das Gemüse in Spätzleform:
Dieses Gericht schmeckt selbst Gelbe-Rüben-Muffeln und macht auf gesunde Weise satt.

320 g Gelbe Rüben
250 g Vollkornmehl
2 Eier
1 TL Salz
Wasser nach Bedarf

Gelbe Rüben waschen, schälen und in Stücke schneiden.

Gelbe Rüben entweder in wenig Wasser kochen und dann pürieren, oder im Blitzhacker, Kompaktmixer oder ganz feinen Reibe sehr fein zerkleinern.

Die Gelbe-Rüben-Masse mit den Eiern, Mehl, Salz und der Flüssigkeit zu einem Teig verrühren. Wenn die Gelbe Rüben gekocht zugegeben werden, ist wahrscheinlich keine Flüssigkeit mehr nötig.

Spätzle herstellen und in Fett schwenken.

Tipp:
Gelbe-Rüben-Saft geht auch und spart Zeit.

300 ml Milch
150 g Weichkäse
1 TL Butter oder Keimöl
Pfeffer und Muskat

Zu Gelbe-Rüben-Spätzle als Hauptgericht passt eine **KÄSESOßE:**
Die Milch erwärmen, den Käse in Würfeln darin schmelzen lassen, mit Pfeffer und Muskat abschmecken.

Beilage: Zu diesem Essen passt sehr gut ein knackiger, grüner Salat.

Wirsingspätzle

Grundrezept Spätzle:
400 g Mehl
4 Eier
120-150 ml Wasser
1 gehäuften TL Salz
100 g Haselnüsse gemahlen

Wirsing gedünstet:
1 kleinen Kopf Wirsing
1 Zwiebel
20 g Butter
200 g Schinken
1/2 Tasse Wasser
Salz
Pfeffer
Muskat
Maggikraut

Fertigstellung:
200 ml Sahne
Kräuter

Wirsing in breite Streifen schneiden.
Die Zwiebel und den Schinken kleinschneiden, in Butter andünsten.
Wirsing zugeben, andünsten, mit Wasser aufgießen.
Das Gemüse mit Salz, Pfeffer, Muskat und etwas Suppenwürze abschmecken, 20 Minuten dünsten lassen.

In der Zwischenzeit Haselnussspätzle wie Grundrezept zubereiten und lauwarm abschrecken.
Zur Fertigstellung werden die Spätzle unter das Wirsinggemüse gehoben und die Sahne darüber gegossen.
Mit Kräutern anrichten und servieren.

Kürbisspätzle mit Salat

Spätzle:
400 g Mehl
2 Eier
500 g Kürbis
Muskat
Salz
Pfeffer

Salat:
100 g Rucola
100 g Cocktail-Tomaten
150 g Austernpilze
4 EL Aceto balsamico
2 EL Olivenöl
2 EL Kürbiskernöl
Salz
Pfeffer

1 Bund Salbei
4 EL Pinienkerne
30 g Butter
Geriebener Parmesan zum Bestreuen

Kürbis schälen, entkernen, würfeln, in wenig Wasser ungefähr 15 Minuten weich kochen lassen, pürieren, würzen.
Mit Mehl und Eier zu einem Teig verarbeiten und Spätzle kochen wie Grundrezept.

Salbei waschen, trocknen und abzupfen.

Rucola verlesen, waschen.
Tomaten waschen und vierteln.
Austernpilze abreiben, klein schneiden und in Öl anbräunen.
Vinaigrette anrühren aus den übrigen Zutaten und Salat anmachen.

Butter in der Pfanne erwärmen, Salbeiblätter darin knusprig werden lassen. Pinienkerne zugeben und bräunen. Kürbisspätzle dazugeben und erwärmen.
Mit Salz und Pfeffer nochmals abschmecken und mit geriebenem Parmesan bestreut servieren.

Spätzlepfanne mit Käse – für 2 Personen!

Grundrezept Spätzle:
200 g Mehl
2 Eier
60-75 ml Wasser
1 gestrichenen TL Salz

60 g durchwachsenen Speck
1 Bund Frühlingszwiebeln
150 g gelbe Paprika (oder auch rote und grüne)
1/2 Bund Petersilie
80 g Emmentaler
20 g Butter
Salz
Pfeffer
2 Eier je nach Wunsch

Den Speck in Streifen schneiden, Frühlingszwiebeln putzen, in Ringe schneiden. Paprika in feine Streifen schneiden, Petersilie klein schneiden.

Den Speck bei mittlerer Hitze knusprig anbraten, Spätzle dazugeben und ab und zu wenden. Dann die Frühlingszwiebeln und Paprikastreifen untermischen. Die Spätzlepfanne mit Salz und Pfeffer herzhaft abschmecken und einige Minuten weiterbraten, Petersilie untermischen.

Wer will , kann die verquirlten Eier über die Spätzlepfanne gießen und das Ganze ohne zu rühren ungefähr eine Minute stocken lassen. Oben drüber den Käse streuen, etwas schmelzen lassen.

Beilage:
Dazu gehört ein grüner Salat.

Zucchinispätzle

Grundrezept Spätzle:
400 g Mehl
4 Eier
120-150 ml Wasser
1 gehäuften TL Salz

20 g Butter
1 Zwiebel
3 Zucchini
1 EL Mehl
1 Tasse Wasser
Salz
Pfeffer
Dill
1 EL Kräuteressig
2 EL saure Sahne

Spätzleteig vorbereiten und Wasser zum Kochen auf den Herd stellen.
Die feingeschnittenen Zwiebeln werden in Butter angedünstet. Die feingehobelten Zucchini zugeben und kurz mitdünsten. Das Mehl darüber stauben, gut umrühren, mit Wasser aufgießen und würzen. Bei schwacher Hitze ungefähr 10 Minuten leise kochen lassen.

In der Zwischenzeit werden die Spätzle hergestellt, die Spätzle werden nur heiß überbraust, nicht kalt abgeschreckt.
Zum Schluss wird die Zucchinisoße mit Gewürzen, Essig und saure Sahne abgeschmeckt, eventuell noch püriert.
Diese Zucchinisoße über die heißen Spätzle gießen und servieren.

Statt der Zucchini können auch Salatgurken verwendet werden.

Spätzle-Schnellgericht

Grundrezept Spätzle:
400 g Mehl
4 Eier
120-150 ml Wasser
1 gehäuften TL Salz

6 Tomaten
2 Zwiebeln
20 g Butter
Kräuter
Pfeffer
Salz

Zwiebeln in kleine Würfel schneiden, in Butter andünsten, Tomaten in große Würfel schneiden, kurz mitdünsten, gehackte Kräuter zugeben, würzen.
Mit den heißen Spätzle vermengen.
Mit grünem Salat servieren.

Geeignet auch als Beilage.

Bayerischer Spätzletopf

Grundrezept Spätzle:
280 g Mehl
3 Eier
90-120 ml Wasser
1 TL Salz

1 Zwiebel
20 g Butter
1 Packung Buttergemüse tiefgefroren – 400 g
1/2 Tasse Wasser
250 g Leberkäse
1 kleine Dose Champignons
Salz
Pfeffer
Suppenwürze
1 EL Petersilie

Spätzle zubereiten nach Grundrezept. Feingeschnittener Zwiebel in Butter glasig andünsten, Buttergemüse zugeben, Wasser zugießen nach Bedarf, Leberkäse in kleine Würfel schneiden und mit den Champignons zugeben, Spätzle zugeben und abschmecken. Mit Petersilie bestreuen und servieren.

Beilage:
Manche mögen dazu gerne eine Semmel.

Feuertopf

Grundrezept Spätzle:
280 g Mehl
3 Eier
90-120 ml Wasser
1 TL Salz

1 EL Öl
1 große Zwiebel
500 g Hackfleisch
Salz
Pfeffer
Paprikapulver edelsüß und scharf
3 EL Tomatenmark
600 g Chinakohl (oder anderes Gemüse, je nach Vorrat)
1 rote Paprika
ein paar Spritzer Tabasco
5 cl Rotwein
Petersilie

Spätzle nach Grundrezept zubereiten. Feingeschnittene Zwiebel in Öl andünsten, Hackfleisch dazugeben und scharf anbraten. Mit Salz, Pfeffer und reichlich Paprika würzen. Mit etwas Wasser ablöschen. Tomatenmark und den in Streifen geschnittenen Chinakohl und Paprika dazugeben, ungefähr 15 Minuten kochen lassen. Scharf abschmecken mit Tabasco und einem Schuß Rotwein. Wer will, kann die Soße noch binden.

Kurz vor dem Anrichten werden die Spätzle dazugegeben und vermengt und alles noch gemeinsam erhitzt. Zum Servieren mit fein gehackter Petersilie bestreuen.

Spätzle amerikanisch

Für die Spätzle:
280 g Mehl
200 g Spinat tiefgefroren
3 Eier
Salz
Flüssigkeit nach Bedarf (ist abhängig vom Spinat)

Für die Soße:
300 g Maiskörner
300 g Pilze
200 g gekochter Schinken
1/4 l Sahne
Salz
Pfeffer

Zum Servieren:
2 Zwiebeln
20 g Butter
1 EL Mehl
Salz

Spinatspätzle zubereiten, Sahne erhitzen (aber nicht kochen lassen), Maiskörner, feingeschnittene Pilze und in feine Streifen geschnittenen Schinken darin erhitzen und mit den heißen Spätzle vermengen, würzen. Servieren mit braungerösteten Zwiebeln.

Spätzle-Topf mit Gemüse und Hackbällchen

Grundrezept Spätzle:
280 g Mehl
3 Eier
90-120 ml Wasser
1 TL Salz

Gemüsesoße:
1 Zwiebel
4 EL Öl
1 Lauchstange
250 g Gelbe Rüben
250 g Champignons
125 ml trockener Weißwein
125 ml Fleischbrühe
250 ml Sahne

Hackbällchen:
1 Knoblauchzehe
600 gem. Hackfleisch
2 Eier
3 EL Semmelbrösel
Salz
Pfeffer
1 Prise Paprikapulver
1 Bund Petersilie

Zwiebel schälen und hacken, in 1 EL Öl andünsten.
Lauch und Gelbe Rüben putzen, waschen, kleinschneiden. Pilze feucht abreiben, vierteln. Die Hälfte der Zwiebeln aus dem Topf nehmen. Gelbe Rüben mitdünsten, danach Lauch und die Pilze noch ca. 5 Min. weiter dünsten.
Wein, Brühe, Sahne zugeben, ca. 15 Min. garen. Nochmals abschmecken.

Die Spätzle nach Grundrezept zubereiten.
Knoblauch schälen und durch die Knoblauchpresse drücken, zum Hackfleisch geben. Mit gedünsteten Zwiebeln, Eiern, Semmelbröseln, Salz, Pfeffer, Paprika verkneten. Bällchen formen. In 3 EL Öl ca. 10 Min. bei mittlerer Hitze braten.

Spätzle unter Soße ziehen, Bällchen zugeben, 10 Min. ziehen lassen, mit Petersilie anrichten.

Aufläufe und Gratins

Der Auflauf soll in der Backröhre oben eine ansprechende Kruste und durch und durch eine lockere, aber feste Konsistenz erhalten. Die Festigkeit und Bindung im ganzen Auflauf entsteht durch

· Eier pur
+ gute Bindung
- sehr gehaltvoll!

· Eiermilch
+ nicht so gehaltvoll
– gibt etwas geringere Stabilität
– braucht etwas länger zum Gerinnen.

Es besteht ein Unterschied zwischen Auflauf und Gratin, der aber im Sprachgebrauch meist nicht beachtet wird und unserem Geschmack keinen Abbruch tut.

Ein Gratin wird – meist mit Käse – überbacken.
Die obere Schicht soll fest werden und erhält eine ansprechende goldgelbe Kruste.
Die Masse darunter soll ihre ursprüngliche Beschaffenheit erhalten.

Dies erreichen wir mit

· Sahne
+ Sahne verstärkt den Geschmack und verändert ihn aber nicht
– bindet nicht,
– sondern verdunstet durch die Hitze, dadurch wird die Flüssigkeit dicker.

· Crème fraîche
+ ergibt einen kräftigeren Geschmack
– wie Sahne bindet sie nicht, ist aber selber schon sehr fest.

·Soße mit Einbrenne
+ kräftigerer Geschmack kann erzielt werden
– etwas aufwändiger in der Herstellung
– kein Gerinnen, sondern Verdickung durch Verdunsten der Flüssigkeit.

Fachlich richtig betrachtet sind Aufläufe mit Sahne, Crème fraîche, Soße und ähnlichem, Gratins.

Bohnen-Spätzle-Auflauf

Grundrezept Spätzle:
400 g Mehl
4 Eier
120-150 ml Wasser
1 gehäuften TL Salz

Spätzle herstellen und abschrecken,

Bohnen waschen, putzen und in Stücke schneiden;
in wenig Salzwasser mit Bohnenkraut knapp garen;

500 g Bohnen
Bohnenkraut
3 Eier
200 ml Sauerrahm
Salz, Pfeffer

Auflaufform fetten, Spätzle und Bohnen lagenweise einschichten.
Eier mit Sauerrahm verquirlen, kräftig abschmecken, darüber gießen,
im Backofen bei 190 °C 30 Minuten backen.

Spätzleauflauf mit Kräuterhaube

Grundrezept Spätzle:
280 g Mehl
3 Eier
90-120 ml Wasser
1 TL Salz

6 Tomaten
250 g gekochter Schinken
3 Eier
1 Becher Sahne (200 g)
Salz Pfeffer
3 EL Schnittlauchröllchen
1 EL gehackte Petersilie

für die Haube:
2 Päckchen Kräuterquark
6 EL Milch

Spätzle wie gewohnt herstellen.
Tomaten in Scheiben, Schinken in Würfel schneiden. Eier mit Sahne verquirlen und mit Salz und Pfeffer würzen. Nudeln, Tomaten, Schinken und Kräuter abwechselnd in eine Auflaufform schichten.
Bei 175 °C ca. 40 Minuten garen.
Quark und Milch verrühren, über den Auflauf geben und nochmals 10 Minuten weitergaren.

Mangoldauflauf

Mangoldspätzle von:
400 g Mehl
4 Eier
1 gehäuften TL Salz
Wasser ersetzen durch
400 g Mangold (grüne Teile)

Mangold waschen, Stiele abstreifen, Mangoldgrün grob schneiden und mit dem Pürierstab pürieren, evtl. wenig Flüssigkeit dazugeben.
Spätzleteig herstellen, dabei das Wasser durch den pürierten Mangold ersetzen.

Zum Auflauf:
300 g Mangoldstiele
250 g Schinken
150 g Sahne
150 g geriebenen Käse

Mangoldstiele in ungefähr 4 cm lange Stücke schneiden, Schinken fein würfeln, beides mit Sahne, geriebenem Käse und den Spätzle vermischen, in eine gefettete Auflaufform geben, bei 190 °C ungefähr eine halbe Stunde backen.

Überbackene Lauchnudeln

Grundrezept Spätzle:
400 g Mehl
4 Eier
120-150 ml Wasser
1 gehäuften TL Salz

30 g Butter
800 g Lauch
Salz
Pfeffer
Muskat

Zum Überbacken:
200 ml Sahne
1/8 l Milch
150 g geriebener Emmentaler

Spätzleteig nach Grundrezept zubereiten, möglichst Spätzledrücker verwenden, um dünne, lange Nudeln zu erhalten.

Den Lauch waschen und in fingerlange Stücke schneiden. Diese dann längs in fadennudelartige Streifen schneiden und in einem Sieb noch einmal abspülen. In einem weiten Topf die Butter zergehen lassen und darin den Lauch andünsten, Salz und Muskat zugeben und mit 3 EL Wasser 10 Minuten dünsten lassen.

Die fertigen Spätzle mit dem Lauch mischen und in eine gefettete Auflaufform füllen. Die Milch mit der Sahne erhitzen (nicht kochen), mit dem geriebenen Käse zu einer Soße rühren und mit Salz und Pfeffer abschmecken.

Über die Lauchnudeln geben und unter dem Grill noch 3 Minuten überbacken.

Spinat-Spätzle-Auflauf

Spinatspätzle von
400 g Mehl
2-3 Eier
250 g frischen Spinat oder 200 g TK-Spinat gehackt
Salz, Muskatnuss, evtl. auch mit 1/2 Bund Basilikum

Soße:
2 Zwiebeln
250 g Champignons
20 g Butter
150 g Crème fraîche
Salz, weißer Pfeffer, geriebener Muskat
150 g Bergkäse

Spinatspätzle herstellen und in eine Auflaufform geben.

Für die Soße:
Zwiebeln fein würfeln, Champignons putzen und blättrig schneiden. Fett in einer Pfanne erhitzen, Zwiebeln und Champignons zufügen und ca. 5 Minuten dünsten.
Crème fraîche unterrühren und alles mit Salz, Pfeffer und Muskat abschmecken. Champignonsoße über die Spinatspätzle gießen, mischen und den gerieben Käse darüber streuen. Im vorgeheizten Backofen (200 °C) 20 bis 30 Min. goldbraun überbacken.

Spätzle vom Blech

Grundrezept Spätzle:
400 g Mehl
4 Eier
120-150 ml Wasser
1 gehäuften TL Salz

150 g Bergkäse
400 g Crème fraîche
5 Eier
100 g abgetropfte Kapern
3 Knoblauchzehen
1/2 Bund Salbei
Salz
Pfeffer

Butter für das Blech
80 g durchwachsener Speck

Tomatensoße:
1 Dose Tomaten
1 Knoblauchzehen
Salz
Pfeffer
Zucker
200 g Crème fraîche

Spätzle nach Grundrezept herstellen.

Geraspelten Käse, Crème fraîche, Eier, Kapern, zerdrückten Knoblauch und Kräuter verrühren. Mit Salz und Pfeffer würzen.
Die Masse mit den Spätzle mischen. Auf ein gefettetes Blech geben. Speckstreifen darüber verteilen und bei 225 °C ungefähr 15 bis 20 Minuten backen.

Für die Soße Tomaten mit gepresstem Knoblauch und den Gewürzen pürieren, aufkochen und die Crème fraîche unterheben.

Beilage:
Eine knackige Rohkost schmeckt dazu.

Tipps:

· Schnell gemacht und verwandlungsfähig. Ideal für eine Feier, da es auch gut vorzubereiten ist!

· Statt Kapern und Knoblauch kann man auch Thunfisch oder Zwiebeln oder Paprika, Tomaten, Pilze und Salami verwenden.

Schnell gemacht und verwandlungsfähig.

Aufgezogene Kräuterspätzle

Grundrezept Spätzle:
400 g Mehl
4 Eier
120-150 ml Wasser
1 gehäuften TL Salz

Zum Überbacken:
20-30 g Fett
3 Eier
1/4 l Milch
Salz, Pfeffer
4 EL geriebener Käse
4 EL Kräuter, feingewiegt

Spätzle wie im Grundrezept beschrieben zubereiten und in eine gefettete, feuerfeste Form geben.

Die Eier mit der Milch, dem geriebenen Käse und nach Belieben mit den fein gewiegten Kräutern wie Petersilie, Dill, Schnittlauch oder Basilikum gut verquirlen, dann mit Pfeffer und Salz abschmecken. Die Masse über die Spätzle gießen, mit dem Rest des geriebenen Käses bestreuen und in der vorgeheizten Backröhre ca. 20 bis 30 Minuten erst zugedeckt, dann offen aufziehen lassen.

Beilage: Dazu passt gut jede Art von Salat.

Variation aus einem sehr alten Kochbuch: Auflauf von Spätzle

Reste von Spätzle werden lagenweise mit gewiegtem Cornedbeef oder Schinkenstreifen oder Bratenresten in eine gebutterte Auflaufform eingefüllt, mit 3 bis 4 zerquirlten Eiern übergossen, mit geriebenem Parmesankäse oder Schweizer Käse und Semmelmehl bestreut und bei guter Hitze 20 Minuten gebacken.

Spätzlegratin mit Mozzarella

Grundrezept Spätzle:
280 g Mehl
3 Eier
90-120 ml Wasser
1 TL Salz
1 Prise Muskat

als Gemüse:
30g Butter
1 Zwiebel
1 Paprikaschote
1 Zucchini
100g Champignons
Salz
Pfeffer

Zur Fertigstellung:
100g geriebener Käse
1 Becher Sahne
1 Kugel Mozzarella

Spätzle nach Grundrezept zubereiten und abschrecken. Gemüse vorbereiten und zerkleinern, ungefähr 5 Minuten in Butter bissfest dünsten und würzen.

Auflaufform fetten, Spätzle lagenweise mit Gemüse und geriebenem Käse einschichten. Mit Spätzle abschließen.
Sahne über die Spätzle gießen, den Mozzarella in Scheiben geschnitten auf die Spätzle legen, bei 200°C ungefähr 20 Minuten backen.

Beilage:
Dazu Salat nach Jahreszeit.

Spätzle mit Soße

Was sind Spätzle ohne eine schöne Soße?
Viele erprobte Variationen findet man in den folgenden Rezepten. Aber wir wollen mit der Übersicht auch Mut machen, selbst zu experimentieren.

Es gibt verschiedene Bindemittel, die gegeneinander ausgetauscht werden können:

Bindemittel	Anwendung wie	Verwendung
Mehl	Einbrenne hell, mittelfarben und dunkel	Gerichte, bei denen die Soßengrundlage erst geschaffen werden muss, z.B. Saure Spätzle
	Stauben Mehl wird auf das angedünstete Gemüse gestaubt, bevor es aufgegossen wird	Dünstgemüse, z.B. bei Pilzen
Stärkemehl	Stärkemehl mit Wasser anrühren, in die dünne Soße geben und aufkochen lassen	Vorteil: Farbe und Klarheit der Soße bleibt erhalten
Soßenbinder – hell – dunkel	Einfach in Flüssigkeit einrühren und anschließend aufkochen lassen	Alle Arten von Soßen, um die Konsistenz zu verdicken

Heutzutage werden aber viele Soßen ohne Bindung hergestellt. Sahne, Saure Sahne und püriertes Gemüse binden nicht, verdicken aber die Konsistenz der Soße.

Sahne	Geschmacksverbesserer Hellt die Soße auf	geschmackneutral, mildert eine eventuelle Schärfe
	Durch Einkochen lassen ergibt es eine schöne Soßenkonsistenz	z.B. Schinken-Sahne-Soße
Saure Sahne	gerinnt beim Erhitzen, darum nicht in heiße Soßen rühren, sondern als Garnitur obenauf geben, jeder kann dann auf seinem Teller die saure Sahne unterrühren	Geschmacksverbessernd, kräftigere Note wie süße Sahne, z.B. Spätzle al Pesto
Püriertes Gemüse	Gemüse, das in der Soße zur Geschmacksverbesserung mitgekocht wurde, wird anschließend püriert, die Soße erhält ein mattes Aussehen	Bringt guten Geschmack durch viel Eigenwürze, weniger Salz notwendig

Spätzle mit Cambozolasoße

Grundrezept Spätzle:
400 g Mehl
4 Eier
120-150 ml Wasser
1 gehäuften TL Salz

Cambozolasoße:
30 g Butter
40 g Mehl
1 Zwiebel
1/4 l Wasser
1/4 l Weißwein
Thymian
Majoran
200 g Cambozola oder anderen würzigen Weichkäse
Sahne zum Verfeinern

Spätzle nach Grundrezept herstellen und heiß stellen.

Helle Einbrenne herstellen: Mehl in Butter andünsten, feingeschnittenen Zwiebel zugeben und mitdünsten lassen, mit etwas Wasser kalt ablöschen und mit der restlichen Flüssigkeit aufgießen. Anschließend würzen und den in kleine Würfel geschnittenen Käse zugeben und langsam glattrühren. Soße abschmecken und je nach Wunsch mit Sahne verfeinern.

Spätzle mit Hackfleischsoße

Grundrezept Spätzle:
400 g Mehl
4 Eier
120-150 ml Wasser
1 gehäuften TL Salz

1 große Zwiebel
2 Knoblauchzehen
2 EL Öl
400 g Hackfleisch
400 g Tomaten
2 EL Tomatenmark
Rosmarin
Basilikum
Oregano
Thymian
Pfeffer
Paprikapulver edelsüß
Salz

50 g geriebenen Parmesan

Die Zwiebel und den Knoblauch schälen und kleinwürfeln, in Öl glasig braten. Das Hackfleisch unter Umwenden mitbraten, bis es durchgängig gleichmäßig grau ist. Kleingeschnittene Tomaten, Tomatenmark und die Gewürze unter das Hackfleisch mischen. Zugedeckt ungefähr 15 Minuten leise kochen lassen.

In der Zwischenzeit Spätzle herstellen. Spätzle nur heiß abschrecken und sofort mit der Soße und geriebenem Käse servieren.

Variation 1:
Kräuterspätzle schmecken zu diesem Gericht recht gut.

Variation 2:
Die Spätzle und die Hackfleischsoße abwechselnd in eine gebutterte feuerfeste Auflaufform schichten, mit Hackfleischsoße und geriebenem Käse abschließen. Das Ganze überbacken, bis der Käse geschmolzen ist (bei vorgeheiztem Ofen ungefähr 15 Minuten bei 180 °C).

Mit Petersilie garnieren.

Spätzle mit Champignonsoße

Grundrezept Spätzle:
400 g Mehl
4 Eier
120-150 ml Wasser
1 gehäuften TL Salz

500 g Champignons
2 Zwiebeln
30 g Butter
80 ml trockener Weißwein
500 ml Sahne (die Hälfte kann auch durch Milch ersetzt werden)
Salz, frisch gemahlener Pfeffer
4 EL gehackte Kräuter (z.B. Petersilie, Schnittlauch, Bärlauch und Liebstöckel)
evtl. Soßenbinder

Aus den Teigzutaten wie im Grundrezept beschrieben den Spätzleteig herstellen und später die Spätzle machen.

Für die Sauce die Champignons putzen und in Scheiben schneiden. Die Zwiebeln schälen und fein hacken. Die Butter in einer entsprechend großen Pfanne zerlaufen lassen und die Zwiebelwürfel darin weich dünsten, Champignons dazugeben und mitdünsten. Mit dem Weißwein ablöschen und ein paar Minuten leise kochen lassen.
Die Sahne zugießen und würzen. Die Sauce etwas einkochen lassen, oder mit Soßenbinder etwas andicken.

Zum Schluß die gehackten Kräuter darunter mischen. Die heißen Spätzle auf 4 Teller verteilen. Mit der Champignonsoße übergießen.

Nach Belieben zum Bestreuen:
Geriebener Bergkäse

Nach Belieben kann das Gericht zum Servieren mit geriebenem Käse bestreut werden.

Saure Spätzle

Grundrezept Spätzle:
400g Mehl
4 Eier
120-150ml Wasser
1 geh. TL Salz

Für die Soße:
2-3 EL Mehl
3-4 EL Butter
250 ml Fleisch- oder Gemüsebrühe
Salz, Pfeffer
2 bis 3 EL Obstessig
1 Zwiebel
2-3 Nelken
1 Lorbeerblatt
1 Becher Sauerrahm
gehackte Kräuter (z.B. Schnittlauch)

Spätzle wie im Grundrezept beschrieben zubereiten. Für die Soße Mehl in Butter braun rösten und mit der Brühe ablöschen. Mit Salz, Pfeffer und Essig würzen. Zwiebel mit Nelken und Lorbeerblatt spicken und auf kleiner Flamme leise kochen lassen, bis die Soße sämig ist. Sauerrahm zugeben. Soße über die heißen Spätzle gießen und vor dem Servieren mit den Kräutern bestreuen.

Variation: Gurkenspätzle

zusätzlich 1 Gurke
evtl. Speckwürfel
Gurke schälen und in Scheiben schneiden, zur Soße geben und 10 Minuten weiterkochen.

Tipp:
Für Fleischesser, die gerne etwas Fleisch dabei haben: mit Speckwürfeln garnieren oder Fleischwurst reinschneiden.

Spätzle mit Gemüsesoße

Grundrezept Spätzle:
280 g Mehl
3 Eier
90-120 ml Wasser
1 TL Salz

Für die Soße:
20 g Butter
2 Zwiebeln
4 Gelbe Rüben
800 ml Wasser
1 Knollensellerie
1/2 TL Muskatnuss, gerieben
1 TL Salz
2 EL Soßenbinder, hell
200 g Sahne
2 Paprikaschoten, rot
1 kleine Dose Maiskörner

Zubereitung:
Zwiebeln, Gelbe Rüben und Sellerie schälen und in feine Würfel schneiden. Das Gemüse in Butter andünsten, aufgießen und etwa 15 Minuten leise kochen lassen.
Soßenbinder dazugeben und nochmals aufkochen lassen. Soße mit Sahne verbessern und mit Gewürzen abschmecken.
Paprikaschote vom Kerngehäuse befreien, fein würfeln und mit den Maiskörnern kurz vor dem Servieren in die Soße geben.

Die Spätzle herstellen, nur heiß abschrecken.

Die heißen Spätzle mit der Gemüsesoße anrichten.

Spätzle mit Schinken-Sahne-Soße

Grundrezept Spätzle:
400 g Mehl
4 Eier
120-150 ml
Wasser
1 gehäuften TL Salz

2 Zwiebeln
2 Becher Sahne
200 g Schinken
1 Bund Schnittlauch
2 EL Soßenbinder
für helle Soße
Salz, Pfeffer

Zwiebeln fein würfeln, glasig dünsten und mit der Sahne ablöschen. Schinken würfeln, Schnittlauch waschen und in feine Röllchen schneiden. Je einen Esslöffel Schinkenwürfel und Schnittlauchröllchen zur Dekoration beiseite legen, die restlichen Schinkenwürfel und Schnittlauchröllchen zur Soße geben und mit Salz und Pfeffer abschmecken. Soßenbinder einrühren und kurz aufkochen lassen. Spätzle in die Soße geben und mit den Schinkenwürfeln und Schnittlauchröllchen bestreuen.

Satt mit Fleisch, Wurst und Ei

Schwäbischer Topf

Grundrezept Spätzle:
280 g Mehl
3 Eier
90-120 ml Wasser
1 TL Salz
Muskatnuss

Für das Fleisch:
je 4 (50 g) Scheiben Rinderlende, Kalbs- und Schweinefilet
Salz, schwarzer Pfeffer
20 g Mehl
30 g Butterschmalz
1 TL Paprika edelsüß
250 ml (süße) Sahne
125 ml Milch
1 TL Bratensaft

Zum Erhitzen der Spätzle:
25 g Butter

Für die Garnierung:
1/2 Bd. Schnittlauch
1 Zitrone

Spätzle zubereiten und abtropfen lassen. Das Fleisch abtupfen und pfeffern, im Mehl wenden und in heißer Butter beidseitig je 3 Minuten braten, salzen und warm stellen. Paprika in das Bratfett streuen, umrühren und sofort mit süßer Sahne und Milch ablöschen. Bratensaft darin auflösen, die Soße 2 Minuten kochen.
In einer Pfanne die Spätzle in heißer Butter 5 Minuten lang braten, mit Salz würzen und auf einer vorgewärmten Platte anrichten. Mit den Fleischscheiben belegen. Sahnesoße und gehackten Schnittlauch darüber geben, mit Zitronenvierteln garnieren.

Beilage: Dazu grünen Salat reichen.

Wurstspätzle

Dieses Rezept ist für zwei bis drei Personen.

300 g Mehl
1/2 Bund Petersilie
150 g Bierwurst
1 kleine Zwiebel
4 Eier
1 TL Salz
1 Prise Pfeffer
Wasser nach Bedarf

Bierwurst mit dem Pürierstab oder in der Kompaktküchenmaschine pürieren, Zwiebel und Petersilie klein hacken und mit den anderen Zutaten, wie im Grundrezept beschrieben, zu einem Teig verarbeiten und Spätzle zubereiten.
Etwas Fett in eine Pfanne geben und die Spätzle darin anbraten. Vor dem Braten nochmals etwas Salz darüber streuen.

Beilage: Dazu passt ausgezeichnet Kartoffelsalat und grüner Salat!
Die Spätzle können beim Braten ohne weiteres durch verquirlte Eier gestreckt werden!

Geröstete Spätzle mit Ei

Grundrezept Spätzle:
400 g Mehl
4 Eier
120-150 ml Wasser
1 gehäuften TL Salz

40 g Butter
3 Eier
2 EL Wasser, Milch oder Sahne
Salz und Pfeffer

Spätzle in Butter leicht goldgelb rösten. Die Eier mit den anderen Zutaten verquirlen und über die heißen, gerösteten Spätzle geben, leicht anziehen lassen und sofort auf einer heißen Platte servieren.

Beilage:
Dazu passt gut jede Art von Salat.

Spätzlespuffer

Grundrezept Spätzle:
400 g Mehl
4 Eier
120-150 ml Wasser
1 gehäuften TL Salz

3 Eier
6 EL Sahne oder Dosenmilch

Zum Anbraten:
30 g Butterschmalz

Eier mit Sahne verquirlen, salzen und mit den Spätzle vermengen.
Die Spätzle in eine Pfanne mit heißem Butterschmalz geben und wie Kartoffelpuffer auf beiden Seiten langsam knusprig und goldgelb anbraten.

Beilagen:
Salat oder Apfelmus und Preiselbeeren.

Spätzleomelette

Grundrezept Spätzle:
400 g Mehl
4 Eier
120-150 ml Wasser
1 gehäuften TL Salz

Omelettmasse:
3 Eier
Salz
Pfeffer
2 EL Sahne
50 g feingeschnittener Schinken

Spätzle zubereiten, die trockenen und festen Spätzle anschließend in heißer Butter bräunen.
Die anderen Zutaten verquirlen und über die Spätzle gießen.
Den daraus entstehenden Pfannkuchen von beiden Seiten braun braten und mit frischem Salat reichen.

Salate

Konfettisalat

Grundrezept Spätzle:
400 g Mehl
4 Eier
120-150 ml Wasser
1 gehäuften TL Salz

1 Dose Maiskörner
400 g Gelbe Rüben
1 Dose Champignons
1 rote und 1 grüne Paprika
1/2 Bund Petersilie
250 g gekochter Schinken

Marinade:
Essig
Öl
Salz
Pfeffer
Zucker
1/8 l Sahne

Kurze Spätzle herstellen wie im Grundrezept beschrieben.
Gelbe Rüben kochen und in Würfel schneiden. Champignons und Paprika würfeln, Petersilie kleinhacken, Schinken fein würfeln.

Alle Zutaten zusammen in eine große Schüssel geben, Marinade darüber gießen und mischen.

Dieser Salat kann auch als Schichtsalat angerichtet werden; das heißt, dabei werden alle Zutaten der Reihe nach eingeschichtet, die Marinade nur oben drüber gegossen. Dazu sollte allerdings die Sahne durch die doppelte Menge Schmand oder Mayonnaise ersetzt werden. Gut durchziehen lassen.

Salatspatzen

Grundrezept Spätzle:
350 g Mehl
3 Eier
100-120 ml Wasser
1 gehäuften TL Salz

1 Kopfsalat
1 Salatgurke
300 g Tomaten

Marinade:
Essig
Öl
Salz
Pfeffer

Zubereitung:
Salate vorbereiten und anmachen, danach abgetropfte kalte Spätzle unter den fertigen Salat heben.

Besonders erfrischend bei warmem Sommerwetter!

Salat Sommertraum

Grundrezept Spätzle:
400 g Mehl
4 Eier
120-150 ml Wasser
1 gehäuften TL Salz

300 g durchwachsener Speck
1 Eissalat

Salatsoße:
Essig
Senf
Salz
Pfeffer
Öl
Zwiebel
Schnittlauch
Zucker

Spätzle nach Grundrezept herstellen und kalt abschrecken.
Speck würfelig schneiden und knusprig anbraten.
Salatsoße herstellen.
Eissalat putzen und zerpflücken, mit dem Speck zur Salatsoße geben und mischen.

Spätzlesalat

Grundrezept Spätzle:
400 g Mehl
4 Eier
120-150 ml Wasser
1 gehäuften TL Salz

1 Lauchstange
500 g Cabanossi
2 rote Paprikaschoten

Dressing:
4 EL Essig
6 EL Öl
2 TL Senf
Salz, Pfeffer

Spätzle wie Grundrezept zubereiten und kalt abschrecken.
Lauch in Ringe, Cabanossi in Scheiben und Paprika in feine Streifen schneiden.
Dressing herstellen und über die Zutaten geben, abschmecken.

Süßspeisen mit Spätzle

Spätzle als Süßspeisen sind für viele sicher ungewohnt. Aber in den Anfangszeiten der Spätzle hat man sie viel öfters süß als salzig gegessen.

Und sie sind es wert, einmal ausprobiert zu werden.
Der Spätzleteig ist ein neutraler Teig wie der Pfannkuchenteig. Also kann man den Ideen freien Lauf lassen.

Als süßes Hauptgericht benötigen wir 50 g Mehl pro Person, als kleiner Nachtisch reicht 30 g Mehl pro Person. Die Rezepte sind auch hier auf 4 Personen ausgelegt, je nach Hunger und Vorlieben kann die Portionsgröße verändert werden.

Apfelspätzle sind ein altes, gängiges Rezept. Alle anderen Rezepte haben wir für das Buch zum ersten Mal probiert und sehr interessant gefunden.

Trauen Sie sich, mit kleinen Portionen auf großen Tellern edel serviert, werden Sie sicher Bewunderung ernten.

Apfelspätzle

Grundrezept Spätzle:
200 g Mehl
2 Eier
60-80 ml Wasser
1 gestrichener TL
Salz

3-4 Äpfel
20 g Butter
Zucker
Zimt
evtl. Apfelmus

Spätzle wie im Grundrezept beschrieben zubereiten. Äpfel schälen, entkernen und in Scheiben schneiden. Spätzle anrösten, Äpfel zugeben und zugedeckt durchdünsten lassen. Mit Zucker und Zimt bestreuen und je nach Geschmack mit etwas Apfelmus servieren.

Variante:
Zuerst Butter in der Pfanne erhitzen, Äpfel und Zucker dazugeben, bis der Zucker karamelisiert und die Äpfel leicht braun sind, dann die Spätzle zugeben und erhitzen.

Tipp: Dasselbe können Sie natürlich auch mit Birnen machen!

Milchspatzen

Aus einem Kochbuch von ca. 1900.
Etwas abgewandelt auf die heutige Sprache.

Teig:
4 Eier
100 g Butter
Salz
150 g Mehl

Fertigstellung:
1/2 l Milch
50 g Zucker

Eier und Butter schaumig rühren, Salz und Mehl dazugeben und gut verrühren, bis ein gleichmäßig weicher Teig entstanden ist.

In einem niederen, aber weiten Topf die Milch zum Kochen bringen, die Herdplatte ausschalten, die Spätzle einhobeln. Den Zucker darüberstreuen. Dies lässt man zugedeckt dann ungefähr 15 Minuten auf der ausgeschalteten Herdplatte stehen, bis die Milch fast vollständig aufgezogen ist.

Angerichtet wird es dann auf einer Platte, die restliche heiße Milch wird noch darüber gegossen, wer will kann es nochmals wenig zuckern.

Beilagen:
Dazu passt Grütze, Zwetschgenkompott oder Apfelmus.

Tipp:
Probieren Sie die Milchspatzen mal mit Kardamom!

Spätzle mit Dörrzwetschgen

Grundrezept Spätzle:
200 g Mehl
2 Eier
60 bis 80 ml Wasser
1 gestrichener TL Salz

200 g getrocknete Zwetschgen

Zum Abschmälzen:
50 g Butter

Zwetschgen vorbereiten: weiche Zwetschgen nur kleinschneiden, harte selbstgetrocknete Zwetschgen vorher gut einweichen.

Spätzle zubereiten, in eine vorgewärmte Schüssel nicht abgeschreckte Spätzle mit Dörrzwetschgen einschichten, über Dampf noch ca. 10 Minuten durchziehen lassen. Zum Schluss wird das ganze Gericht mit zerlassener Butter abgeschmälzt.

Wer will, kann Zucker und Zimt dazugeben.

Zimtspätzle

Grundrezept Spätzle:
200 g Mehl
2 Eier
60 bis 80 ml Wasser
1 gestrichener TL Salz

50 g Butter in einer Pfanne erhitzen, je 2 Esslöffel Zucker und Semmelbrösel sowie 1/2 Teelöffel Zimt darin rösten und über die heißen Spätzle geben.

Beilagen: Dazu reicht man Apfelkompott oder eine Orangensoße.

Schokospätzle

50 g Butter
50 g Hartweizen-grieß
2 Eier
3 EL Zucker
Zimt
25 g geriebene Mandeln
25 g Mehl
25 g Kakao
2 EL Milch

Butter schaumig rühren, restliche Zutaten zugeben und zu einem gleichmäßigen Teig verrühren.
Der Teig hat eine feste Beschaffenheit und eignet sich darum am besten zur Weiterverarbeitung mit dem Spätzleteller.
Teig in das kochendes Wasser drücken, gut aufkochen lassen, sofort lauwarm abschrecken.

Beilagen:
Dazu passt Birnenkompott, Vanillesoße, Vanilleeis oder Lebkuchenparfait ...

Oder

MANGORAGOUT

2 Mango schälen, in Würfel schneiden und in einem Topf mit Honig, Zitronensaft, Weißwein und Zimt einkochen lassen.

oder

200 g Sahne
200 g weiße Schokolade

WEIßE SCHOKOLADENSOßE

Beide Zutaten miteinander erwärmen bis Schokolade geschmolzen ist.

Andere Variation:

200 g Mehl
2 Eier
1 Prise Salz
1 EL Zucker
2 EL Schokopulver
Ingwer
100 ml Wasser

SCHOKOSPÄTZLE

Spätzleteig herstellen nach Grundrezept, Verwendung siehe oben.

Schokopulver kann natürlich auch durch gesiebten Kakao ersetzt werden, Schokopulver ist eine Zusammensetzung aus Kakao und Zucker und zum Teil noch weitere Inhaltsstoffe.

Nougatspätzle

250 g Mehl
3 Eier
100 g Nougat
1 Prise Salz
etwas Wasser

etwas Butter

Spätzlesteig mit Nougat herstellen, dabei ist darauf zu achten, dass das Nougat gleichmäßig verrührt ist, darum am besten mit dem Handrührgerät und Knethaken arbeiten.
Spätzle ins kochende Wasser hobeln, aufkochen lassen, herausnehmen und abschrecken.
Die Spätzle kurz in der Pfanne in heißer Butter schwenken, mit Vanillesoße servieren.

Mohnspätzle

Grundrezept Spätzle:
200 g Mehl
2 Eier
60-80 ml Wasser
1 gestrichener TL Salz
2 EL Mohn

Zum Servieren:
2 EL Mohn
2 EL Zucker

Spätzleteig nach Grundrezept herstellen. Dann Mohn zugeben und alles gut durchmischen. Spätzle nach Grundrezept herstellen und in Butter abrösten.

Mit Mohnzucker (Mohn und Zucker mischen) und Vanillesoße servieren.

Tipp:
Gemahlener Mohn gibt graue Spätzle, ganze Mohnsamenkörner geben schöne gelbe, grau gepunktete Spätzle. Durch die Bindung im Teig sind auch ganze Mohnkörner gut zu essen.

Topfenspatzen

Dieses Gericht ist in Südtirol heimisch.

300 g Mehl
300 g Quark
3 Eier
Salz
etwas Milch oder Wasser

Aus den Zutaten einen Teig herstellen. Diesen gut schlagen und mindestens 20 Minuten ruhen lassen. Weitere Zubereitung wie im Grundrezept beschrieben.
Vor dem Servieren nochmals kurz in Butter schwenken.

Beilagen: Zu Topfenspatzen serviert man Apfel-, Kirsch- oder Zwetschgenkompott oder auch Preiselbeeren.

Topfen- oder Quarkspätzle kann man natürlich auch zu einem salzigen Gericht weiterverarbeiten.

Joghurtspätzle mit Himbeeren

Spätzle:
130 g Spätzlemehl
1 großes Ei
Salz
150 g fettarmer Joghurt

Zum Schwenken:
30 g Butter
2 TL gemahlener Mohn

Joghurtsoße:
3 TL flüssiger Honig
150 g fettarmer Joghurt
400 g Himbeeren, auch gefroren

Zum Anrichten:
Einzelne ganze Himbeeren
Minzeblätter

Spätzle nach Grundrezept herstellen und kalt abschrecken.
Mit Joghurt, Honig und Himbeeren eine Soße anrühren, sie darf süß sein, da an die Spätzle sonst kein Zucker kommt.
Butter leicht bräunen, Mohn und Spätzle darin schwenken.

Spätzle mit Joghurtsoße anrichten, mit Minzeblättchen und Himbeeren garnieren.

Kann gut vorbereitet werden!

Spätzlekuchen mit Haselnuss

Grundrezept Spätzle:
150 g Mehl
2 Eier
60 ml Wasser
1/2 TL Salz

Zum Mürbteig:
200 g Mehl
100 g Butter
50 g Zucker
1 Ei
1/2 TL Backpulver

Haselnussmasse:
3 Eier
200 g Haselnüsse
100 g Zucker
150 ml Milch

Spätzle herstellen und kalt abschrecken. Aus den Zutaten einen Mürbteig herstellen. Eine Springform (Durchmesser 26 cm) fetten, den Mürbteig ausrollen und den Boden und einen hohen Rand auslegen. Haselnussmasse zusammenrühren, kalte Spätzle darunterheben, die Masse auf den Mürbteig geben.

Bei 180 °C 40 bis 45 Minuten backen, mit Puderzucker besieben.

Interessantes

Angebotsformen
Spätzle kann man auch fertig kaufen!

Fertiggerichte in der Tüte:

Spätzle in Soße

Pulver in 1/2 l Wasser einrühren, 12 Minuten kochen lassen – fertig

Verpackungseinheit: 155 g (2 Personen)

Teigwaren getrocknet:

Schwäbische Knöpfle oder Spätzle

15 Minuten kochen lassen

Verpackungseinheiten: 250 g, 500 g, 1000 g

250 g ergibt 680 g fertige Spätzle, das ist das 2,5fache!

aus der Kühltheke – vakumiert:

Eierspätzle kurz und lang

nur noch in der Pfanne oder Mikrowelle erhitzen

Verpackungseinheit: 400 g, 1000 g

aus der Gefriertheke:

Eierspätzle: gefroren in die Pfanne

auch Spätzlepfanne, Leberspätzle, Brätspätzle

Verpackungseinheiten 750 g, 1000 g, 2500 g

frisch selbstzubereitet:

500 g Mehl
5 Eier
Wasser, Salz

ergibt 1550 bis 1720 g fertige Spätzle, das ist das 3- bis 3,5fache der Mehlmenge!

Ein Fertigprodukt kostet ungefähr das Vierfache der Materialkosten wie bei der Selbstherstellung.

Zutatenvergleich mit Convenienceprodukten

Beispiel Eierspätzle	**selbsthergestellte Spätzle**
Weizenmehl / Weizenstärke	Weizenmehl
Vollei (22 %)	Ei
Trinkwasser	Trinkwasser
Hartweizengrieß	Jodsalz
Jodsalz	weitere Zutaten nach eigener Wahl
Säuerungsmittel (Citronensäure)	
Gewürze / (Kurkuma)	
pflanzliches Öl	

Durch einfache Kenntnisse beim Kochen können Sie Zusatzstoffe nach eigenen Bedürfnissen zusetzen und sind nicht angewiesen, mit einem Fertigprodukt eine lange Zutatenliste mitkaufen zu müssen.

Convenience – zu Deutsch Bequemlichkeit – heißt das Zauberwort: Wenn schon gekocht, dann möglichst schnell und einfach.
Einheitliche Aussagen darüber, was nach der Bearbeitung der Lebensmittel noch an Nährstoffen in den Fertigprodukten steckt, kann es bei der Produktvielfalt nicht geben.
Es gibt aber Tendenzen. So bleiben auch bei stark bearbeiteten Lebensmitteln in der Regel Eiweiß und Kohlenhydrate erhalten. Oft stecken in Fertigprodukten auch gehärtete pflanzliche Fette, die ernährungsphysiologisch ungünstig sind.
Und die Vitamine? Die wasserlöslichen Vitamine B und C schwinden relativ schnell, denn sie sind gegen Licht, Luft und Sauerstoff empfindlich und damit auch gegen jede Bearbeitung.

NÄHRWERT:

100 g Spätzle enthalten durchschnittlich folgende Nährwerte:

Brennwerte	kJ	717
	kcal	170
Eiweiß		6,6 g
Kohlenhydrate		29,0 g
Fett		3,0 g
BE		2,4

Um satt zu werden, brauchen wir in unserer Ernährung die Kohlenhydrate, eine sogenannte Sättigungsbeilage. Diese können Getreideprodukte, Reis oder Kartoffeln sein.

Aber nicht die Kohlenhydrate in den Spätzle machen dick, sondern die Menge machts. Wird als Beilage ein frischer Salat gereicht, kann man sich auch an diesem satt essen. Und dafür ist jeder selber für sich verantwortlich.

Dia G'schicht von da Kässpatza

Kässpatza warat au auf 'em Tisch –
ma war im Holz und haut eascht aubads geassa.
Wia's bei de Baura halt so isch –
alles isch rond um d'Schüssl g'seassa.
Z'maul hots Liacht en Fonzler g'macht,
und in d'r Stuba war's Nacht.
Ma haut nau blindlings om si g'langat
bis über'n Tisch, wo d'Lampa hangat
und sieh – d'r Strom haut bald mea zonda
und z'ruck zu sein'r Lampa g'fonda.

Was i alleweil mea sag':
„S'Liacht bringt gar all's an da Dag":
Von da Lippa von d'r Magd hangat
wia a Drum Spagat
a Fada, dean ma seacha ka
über'n Tisch zum Baura na,
und haut an deam seim Maul a End.
D'r Bau'r haut mit am roata Grend
dean Fada schnell verreißa wella
und d'Magd haut in d'r Hella
iat's wo d'Nächta so schnell g'wicha
verleaga über d'Lippa g'stricha.

Spätzle

Spätzle schabe, Spätzle schäere –
d' Baure möget's und au d' Herre.
Eier, Wasser, Salz und Meahl
machet d' Spätzle guet und geahl;
gröstet und au in dr Brüeh,
liebe Leut, so mag ma's hier!

Spätzle schabe, Spätzle schäere
(koine groaße Batze sottet's weare!)
mueß ma könne dahoim bei eis,
ma braucht it viel, bloß a bisle Fleiß.
Wenn a Mädle des it ka',
no krie'gt se au koin Ma.

Spätzle hoble, Spätzle schabe,
dozu ghöret bsondre Gabe.
Dicke, dünne, grobe, feine,
lange, kurze, groaße, kleine
mueß ma richtig hoble könne.

Bloß so ka' ma d'Mannsleut gwinne!
Spätzle hoble, Spätzle schabe –
o, wie ka' ma sich dra labe!
Wie' die rutschet über d'Zung!
Und wie die schmeckat alt und jung!
nach Karl Hölzer

Kässpätzleslied

Verena, los, jez gang halt hea,
so schreiet laut die Muettr.
So gang ber doch zum Kromar na,
holscht Eier, Meahl und Buttr.
An runde Käs nimmscht au no mit,
an Backstuinar, an rease.
Mach weile, Föhl, es isch scho Zit,
mir machet huit Kässpätzle.

Verena rennt ins Dörfle na,
glei hinterm Hüs de Bichl,
doch üf'm Weag, do trifft's de Schatz,
es ischt dr gfugset Michl.
Den lad se glei zum Easse ing,
do brücht se it la g n brutle.
Dea lot glei Arbat Arbat sing,
Und got zum Spätzlefuatre.

'S Wasser kocht, Verena schwitzt,
d'rweil s' de Spätzlesteig a'richt.
Die Muettr riebt de Käs in d'Schüssl,
d'r Vattr schwätzt no mit 'm Michl,
d'r Buttr brutzlet scho im Pfännle,
d'r Bohle klaut vom Käs a Rändle.
D'r Teig pflettret im Spätzler din,
glei weret d'Spätzle fertig sing.

Iez hocket se rum um de Tisch,
d'r Michl scho ganz sakrisch frisst,
d'Muettr hot se 's Mül verbrennt,
des Schmolz, des lauft 'r über d'Händ.
Dem Vattr hängt vom Käs a Fade,
vom Mül ra bis an Hoselade.
So schee wie huit war se noch nie,
die Kässpätzlespartie!

geändert von Rudolf Boxler